臨床心理士
武野顕吾

自分を「壊す」勇気

仕事の質を上げる臨床心理学41のヒント

ユーキャン 自由国民社

はじめに

今の世の中には「肩の荷を下ろそう」「ありのままでいい」「休もう」「逃げたければ逃げればいい」といった風潮があります。つらい時、追い込まれている時、十分な休息をとって心を守るのはもちろん大事なことです。でも、それだけでは満足できないという人がいるのも確かです。

　これは知人男性からお聞きした話です。彼は大学まである競技のトップ選手としてスポーツに打ち込んでいたのですが、卒業後に就職した会社で鬱屈とした思いを抱えていました。担当する業務が大幅に変わったことをきっかけに、どうやって自分の力を発揮していいかわからなくなってしまったそうです。ふさぎ込んでいる彼を見て周囲は当然「休みなさい」「一回休職してゆっくりしたら」と声を掛けます。

　しかし、そうしたアドバイスは彼にとってはどうしてもしっくりこないものでした。

「休みたいんじゃなくて、高ぶる気持ちをどうしたらいいのかがわからなかった。僕はやりたいんですよ！　何かを！」

彼は気分が下がっていたわけではなく、自分の中にたぎるマグマを持て余して悶々としていたのです。だから彼に必要なのは「休む」ことではなく、**有り余っているエネルギーを出す「先」を探すことでした。**

昨今は働き方改革の影響もあり、「就職した会社がホワイト企業すぎて辞めてしまう」という若者も多いと聞きます。もちろん、無理のない働き方を模索するのはとても良いことですし、「やらなきゃ」と過度に自分を追い込む必要はありません。ただ、プレッシャーから逃げず、自分の最大限の力を発揮したい。**今の自分を壊してでも成長したい。**一度きりの人生で自分を燃焼し尽くしたい。そんな抑えきれない成長意欲を持っているのもまた人間なのです。

本書は**「今の自分を壊すこと」**や**「心のエネルギーを生産的に使うこと」**といったメンタルのヒントをお伝えすることで、「自分は本当にこのままでいいのか。自分の力を出し切りたい」と願う人たちのお力に少しでもなれればという思いで書かせていただきました。

私は臨床心理学を専門とするカウンセラーとして、これまで約25年間、さまざまな分野の皆さんとお話をする機会に恵まれてきました。通常、私のような臨床心理士が対象とするのはご自身のメンタルヘルスに課題を感じ、ケアを必要とされる方々が多いのですが、私のクライアントは**「自分の仕事の質を上げたい」**というモチベーションを持つ人が中心になります。さまざまな競技のアスリートの皆さんや、ビジネス界で活躍されている方の心の奥に向き合う作業に伴走し、「戦う姿勢」を作り上げるお手伝いをしています。

臨床心理学の知見を使ってうつや不安といった症状に対応することがマイナスをゼロに戻すことだとすれば、私が行っているのは、ゼロをプラス、ダブルプラスにしていくことだと言えばわかりやすいでしょうか。具体的には週1回45分のカウンセリングを通して相手の方が直面している課題や時には悩みも話していただき、原因や経緯を掘り下げながら、その人自身がより良い状態に変わる可能性を見出せるよう伴走します。カウンセリングという**「安全空間」**（小谷 2009）を提供することで、自分自身と向き合っていただき、その上で心の機能のうち何が使えていて、どこが引っかかっているのか、さらに伸ばせる場所はどこなのか。現在の心の状態を点検、再検討していきます。

人の心は千差万別です。誰もが目指すべき１００点満点のメンタルがある、ということはあり得ません。持って生まれた傾向に加え、親との関係、環境、成長過程で生まれたコンプレックスや傷つき、また成功体験。そうした違いをすべて無視し、過去を洗いざらいリセットすることは不可能です。

体に大きなケガをしたり骨が折れたりした後、その部分がスムーズに動かなくなることがありますが、だからといって、新品の腕や脚に付け替えるということはできません。リハビリをして徐々に可動域を広げ、生活に支障が出ないようにしていきます。

心も同じで、**完璧なメンタルを作る、心を完全なものにするというアプローチではなく、過去を点検した上で、再構築する、作り直す。そうした作業を通して人生を少しでも良い方向に変えていくというのが私の仕事になります。**すべてを完璧にする必要はなく、目をつぶるところも出てきます。頑固で怒りっぽい人がいたとしたら、それを無理に改善するのではなく、怒りのパワーを前向きなエネルギーに変えていく、という風にその人なりの最善策を見つけていくという考え方も重要です。

また、一見すると弱点のように見えることでも、その人ならではの強みに変わることがあります。

例えば「人の目が気になるので、気にならないようにしたい」という人がいます。そんな人には「周りのことは気にしなくていい」「人はそんなにあなたのことを見ていないので、鈍感になったほうがいい」というアドバイスをするのが一般的かもしれません。ただ、そうしたアプローチはせっかくの本人の武器を殺してしまう可能性もあると考えています。

人目が気になりすぎて自分の力が出せないことは問題ですが、人目に注意がいくということはそれだけ多くのものが見えているということでもあります。

バッターであれば、相手ピッチャーがボールを投げてきた後にニヤッとしたのか、それとも「まずい」という顔をしたのか、キャッチャーや監督、審判の様子はどうか。センサーが優れているので、普通の人と比べて圧倒的に多くの情報を受信している可能性もあるのです。それを鈍感にして「10の情報を得ていた人」が3しか情報を受け取れないようにしてしまったら、3の仕事しかできなくなってしまうかもしれません。
　そのため、人目が気になるという方には「それだけ情報を得ていることは武器になるのですよ」とお話をさせていただくこともあります。**「人目が気になる」という点を矯正するのではなく「敏感さをうまく使う」方向に切り替えていく、というご提案をするのです。**

　このように、私の仕事は「深呼吸して緊張を抑える」「キューワード（合図）を決めて集中モードに入る」といったように、誰でもすぐに活用できる有効なテクニックをお伝えするというよりは、より個別的にその人に合ったアプローチを一緒に考えていくことがメインになっています。もちろん、本の中では、実際に会話をしながら読者の皆さん自身を掘り下げることはできません。ただ、自分自身と向き合い、その心を点検、再構築する中で、原理原則となる指針はあります。そこで、以下のような6つの柱に沿って、41個のヒントにまとめました。

●今の自分を壊す

トップアスリートはたとえ過去の自分を否定することになったとしても、より良いものを探していく、という姿勢を持っています。また、何か新しい風を取り入れたい、何かを変えたいという意志やエネルギーは持続的成長に不可欠なものです。

●「今、ここ」に集中する

人間が関与できるのは常に現在だけです。過去にとらわれたり、未来に心を奪われたりするのではなく、「here and now（今、ここ）」にフォーカスするメンタルの持っていき方を紹介します。

●心のエネルギーを生産的に使う

体力と同じように心のエネルギーにも限りがあります。感情を整理し、本来使うべき方向にエネルギーを振り向けることで、クリエイティビティやバイタリティが向上します。

●「縦」に入る

メンタルがうまく機能しない原因の一つには、対人関係や他人の評価など「横」に気を取られてしまっていることがあります。自分の心の中と向き合って（「縦」）、自分の精神内界を少しだけ深掘りする習慣を身につけましょう。

●ポジティブとネガティブの両方を活用する

心の中にある無意識の領域にはまだ皆さんが気付いていない膨大な情報や感情が存在しています。見たいものだけを見るのではなく、さまざまな感情をフラットに見て準備したり、活用したりしていくことが大事です。

●本質的な努力をする

どんな仕事をしている人でも「本質的に何が大事か」という視点を持つ必要があります。枝葉にエネルギーを割くのではなく、本質的に重要なことに集中してみましょう。

これらは互いに関連しているところもあり、順番に読んでいただくことでより理解が深まるような構成になっていますが、ご興味のあるところや、皆さんが課題に感じているところから読み始めていただいても構いません。

臨床心理学の知見とカウンセラーとしての実践を通して見えてきたノウハウをお伝えすることで、皆さんが心のエネルギーをフルに使い、ポテンシャルを発揮するお手伝いができればと考えています。

成長し、向上し、昨日の自分よりもほんの１ミリでも前進したいと努力している方のために、少しでも役に立てたら、こんなにうれしいことはありません。

臨床心理士　武野顕吾

目次

はじめに 03

第1章 今の自分を壊す

1 **プロフェッショナルとは「自分を壊すことを恐れない」人のことである** 20
»変化を「インタレスティング」だと思えるか

2 **2つのフィードバックサイクルを使いこなす①** 26
»「内的フィードバック」か「外的フィードバック」か

3 **2つのフィードバックサイクルを使いこなす②** 32
»「内的／ポジティブフィードバックサイクル」を起動する

4 **自分を縛る「枠」を取り払う** 37
»「周りに合わせてしまう人」にやってほしいこと

5 **「コーチャブル」な人間でいる** 41
»コーチャブル＝「イエスマン」ではない

6 **「悔しがり屋」は伸びる** 47
»「あきらめてしまう人」との違いは何か

7 **「再チャレンジ」のループを作る** 51
》「ダメ元」はなぜ有効か

第2章 「今、ここ」に集中する

8 **「前後際断」が最大の能力を引き出す** 56
》極限状態で発揮される力

9 **結果にフォーカスしすぎてはいけない。結果はあくまで「結果として」出るもの** 60
》「縦の軸」を意識する

10 **「トレースの罠」にハマらない** 66
》「昔の自分」を追いかけず、目の前の生々しさにフォーカスする

11 **自信は必ずしも必要ない** 71
》自信と「時間軸」の関係

12 **アウェイな状況を自分の「場」に変えるコツ** 75
》「自分のメンタルメイトリックス」を敷く

13 **「ウキウキ気分への恐れ」を乗り越える** 79
》覚悟を決めて「次の段階」に行く勇気を持つ

第3章

心のエネルギーを生産的に使う

14 感情の「コンデンス」をほぐし心の空間を広げる 84

≫感情を「外に取り出す」イメージを持つ

15 「未処理フォルダー」を活用する 89

≫全否定は可能性の芽を摘む

16 「違和感」を宝物としてとらえる 95

≫粒をとらえて観察する

17 クリエイティビティは「インスピレーション」と「推敲」の2つのフェーズから生まれる 99

≫発想の裾野を広くとる

18 「モザイクメイトリックス」で混乱を整理する 107

≫「自分の中にあるもの」を可視化する

19 緊張を「抑えようとする」のは逆効果な理由 113

≫「防衛機制」をコントロールする

20 心の「ホワイトスペース」を確保する 117

≫「余白」から生まれるものがある

21 情報の入力過多はやめる 123
≫SNSは「やらない」も選択肢

第4章 「縦」に入る

22 「本当にやりたいこと」を見分ける方法 128
≫「続かない理由」を考察する

23 「ついばみ順位」から自由になる 133
≫評価も「結果として」ついてくる

24 「自己愛」を大事にする――パーソナリティ・スタイル 137
≫「自己愛を上手に運用できる人物」とは？

25 「やりたいこと」か「得意なこと」か 145
≫「ライフワーク」と「ライスワーク」

26 「3つの評価」を見極める 150
≫「自分の主観」にこそ成長のチャンスが潜んでいる

27 他人の「ネガティブな反応」は「縦軸」で乗り越える 155
≫「去勢不安」に対応するには？

第5章

ポジティブとネガティブの両方を活用する

28 「ポジティブ思考」の危険性を認識する 162
»「ポジティブ100%」は幻想

29 「喪失」を受け入れるには時間とプロセスが必要 168
»失敗は「生々しい」うちに対処する

30 怒りのパワーは生産性に変えられる 172
»「怒りの正当性」は考えない

31 不安信号を活用する 177
»「不安が教えてくれるもの」に目を向ける

32 感情の「棚卸」をする 182
»「すべての感情に意味がある」と考えてみる

33 嫉妬も貴重なエネルギー源として使える 187
»嫉妬心は「使い道」が問題

34 不安の正体を見極める 191
»「現実不安」と「予期不安」を切り分ける

第6章

本質的な努力をする

35 本質と枝葉を区別する 198

≫枝葉に気をとられてしまうのはなぜか

36 「ゾーンに入ろうとする」よりも大事なこと 204

≫「ゾーン」は一回性のものであり再現できない

37 「事実」と「感情」を混ぜずに意思決定する 209

≫DESCシートを活用する

38 安易に「切り替え」てはいけない 215

≫真の切り替えには「質的転換」が必要

39 突き詰めるから楽しめる 218

≫人間には「壁を越える楽しさ」が組み込まれている

40 「ロールモデル」が持つ2つの役割 222

≫ロールモデルとの「違い」にヒントがある

41 人は死ぬまで変われる 226

≫最後まで自分の「可能性」を否定しない

謝辞／参考文献 230

本書は「ＰＡＳ（パス）理論：精神分析的システムズ心理療法」の理論をベースとしています。ＰＡＳ理論についてより詳しくお知りになりたい方は、参考文献をご参照ください。

第1章

今の自分を壊す

HINT » 01

プロフェッショナルとは「自分を壊すことを恐れない」人のことである

仕事に対して対価を得ていれば、それはある種の「プロ」であると言えるかもしれません。ただ、お金をもらって働いていれば、それだけでその人はプロフェッショナルなのか、と言われると少し違和感があります。

では、プロフェッショナルとそうでない人を分けるものは何でしょうか。能力が高く、技術に優れ、確かなクオリティの仕事をする。自分の仕事に誇りを持ち、常に向上心を忘れない、などいろいろな要素が考えられます。どれも大事なポイントですが、私が一つ選ぶとすれば、**「取り組んでいる仕事が何であれ、より良い仕事をするために、自分自身を壊すことを恐れないかどうか」**であると感じています。

　例えば、厳しい就職活動の末に苦労して入社した会社があったとします。内定をもらうためにいろいろな勉強をし、何度も面接を受け、念願かなって働き始めます。最初は覚えることもたくさんありますが、見るもの聞くものすべてが新鮮で、スポンジのように知識やスキルを吸収していきます。やがて仕事にも慣れ、成果が出せるようになってくると「俺／私も一人前になったな」とプロの自覚のようなものが芽生えてくるかもしれません。ところが、問題はここからです。

　時間が経つにつれ、慣れが悪いほうに働くと、毎日がルーティンのようになっていくことがあります。仕事でも自分の得意なパターンを繰り返したり、前例を踏襲したりすることが主になり、いつしか変化のない、退屈な職業人生になってしまうというケースがあるのです。

　こうなると、お金をもらっているので「プロ」とは言えるかもしれませんが、自分を磨き上げてより良い仕事をする、という意味では残念ながら停滞してしまっています。

　物理学にエントロピーという概念があります。元々は熱力学の世界の言葉で「エントロピーが高い」とは、混沌として不確実性が高く、物事が乱れている、バラバラな状態を指します。面白いことに、人間にもその概念はあてはまり**「状況が固定化するとエン**

トロピーが高まる」という性質があるのです。例えば、洞窟にずっと閉じ込められているという状況を想像してみてください。時間の経過とともに不満やストレスがたまり、心の中の乱雑さや不安定さが高まっていくと考えられると思います。

同様に、仕事においても変化を拒み、同じところにずっととどまることは、エントロピーを高め、パフォーマンスを落とすことにつながりやすくなります。

よく「現状維持は退化だ」ということが言われますが、それは周りが進化していくからということに加え、停滞していること自体が自分自身に及ぼす影響のことも指しているのだと思います。

とはいっても、ある程度のキャリアを築いたあとに自分を壊すことができる人は少ないものです。私にも心当たりがありますが、年齢が上がれば上がるほど、今まで自分がやってきたことにしがみつきたくなるのが人間です。

それでも、「破壊なくして創造なし」という言葉があるように、「自分を壊せる人」だけが持続的な成長を遂げていけるのです。

変化を「インタレスティング」だと思えるか

アスリートであればフォーム、練習方法、ルーティンなど、自分からより良いものを目指して変えていくこともあれば、チーム状況によって役割が変化することもあるでしょう。野球が好きな方ならよくご存じだと思いますが、イチロー選手や大谷翔平選手でも、毎年打撃フォームが変わっていたそうです。イチロー選手は代名詞だった振り子打法を渡米してからは封印したと聞きますし、大谷選手にしてもタイミングの取り方をすり足にするなど、これまで実績を残してきた自分の技術を「壊す」に近いレベルで変革しているようです。

ビジネスパーソンであれば管理職になって今までの仕事のやり方をゼロベースで構築し直すとか、思い切ってまったく違う職種に転職するなどといったことも考えられます。

かつての私の同僚にも官僚の職を辞して臨床心理士になった人がいますし、知り合いの新聞記者さんの中にも外交官から転職され、現在もご活躍されている方がいます。

もちろん転職することがすべて良いと言っているわけではありません。ただ、周りからは安定した生活を送っているように見えても、ご本人としては何か志があり、今までの生活を壊してでも新しい道を目指す方々もいらっしゃるという例を挙げているのです。

自分を壊せるということは変化を怖がらないということであり、変化を面白がれる、喜べるということです。周囲や環境といった外部の変化も合わせて「インタレスティング」だと思えるかどうかがひとつのカギになります。

当然、自分のやってきたことを変えることによっていい結果が出る時ばかりではありません。逆に成績が下がり、失敗に終わることもままあります。それでも変化を恐れずにチャレンジする姿勢を持つことは非常に尊いことだと思います。それに、**今までの自分を壊しても、心の土台さえしっかりしていれば、リストラクチュアリング（再構築）できる可能性が大きくなります。**壊したら何もかもなくなってしまうという不安に駆られるかもしれません。それでも一度「何があっても自分は大丈夫なんだ」という自分自身への信頼感を持ってみてください。

そして、変わろうとする人の周囲にいる方々も、人の変化に立ち会う機会がある場合、そのチャレンジを絶対に否定しないことです。チャレンジする方に対して「すごい！面白いですねー」と言いながら、一緒にいる。変わろうとする人と、そこに立ち会う人々とがその変化を楽しみ、苦しみ、そして喜ぶ。そういう流れが作れると良いと思います。

MEMO

自分を壊せる人だけが持続的に成長できる。変化を面白がる姿勢を持つ。

HINT » 02

2つのフィードバックサイクルを使いこなす①

自分がやってきたことを振り返り、修正していく時に大事なのは「フィードバック」です。フィードバックは、新しい情報や、人からの意見、評価などの形で与えられることが多く、それに基づいて改善や修正が行われるため、個人の成長にとってとても大きな意味を持ちます。

簡単に言えば「さまざまな情報をもとに振り返り、次に生かす」ということなのですが、フィードバックは、その方向による違いによって2つ、また内容によって2つに分類できます。前者を「内的／外的フィードバックサイクル」、後者を「ポジティブ／ネガティブフィードバックサイクル」と呼びます。

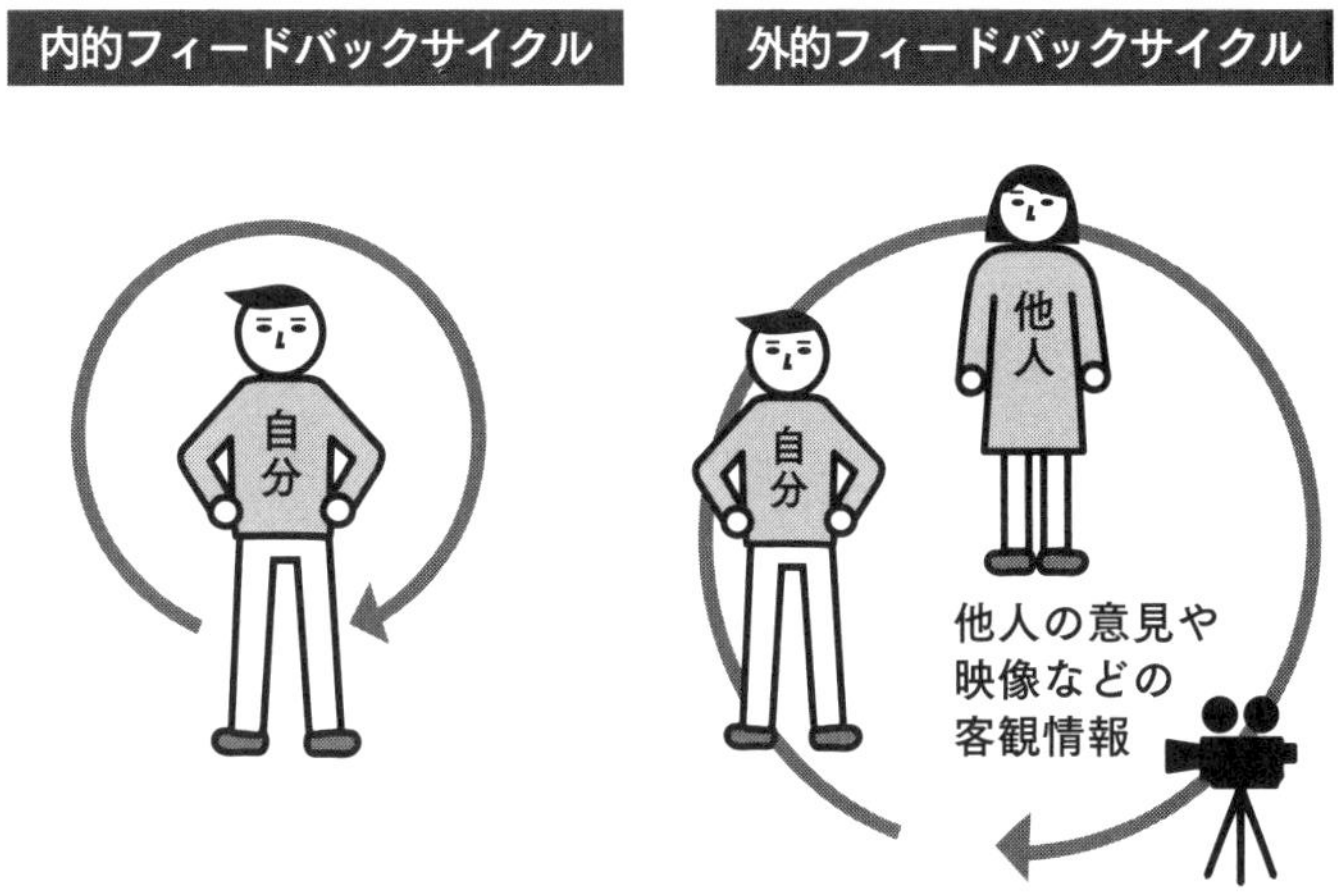

まず、内的／外的フィードバックサイクルからご説明しましょう。「外的」というのは皆さんが一般的にイメージするフィードバックを指します。例えばあなたが料理を作って家族がおいしいと言ってくれた、あるプロジェクトの成果について上司が評価をし、次へのアドバイスをくれたといったものが「外的」フィードバックです。フィードバックが自分の「外」から来るものを指します。スポーツの練習で自分の動きを鏡に映して確認する時や、商談のロールプレイングを動画に撮って見直すといったことも「外的」フィードバックにあたります。

これに対し、「内的」フィードバックは、

あなた自身による振り返りです。表に見えているプロセスや結果とは別に、自分だけが感じたこと、自分だけがつかんだ感覚といったものが内的フィードバックです。自分の「内」からのフィードバックです。

もっとも、多くの人にとっては内的フィードバックと外的フィードバックは切っても切れないものになっています。例えば、上司からアドバイスをもらった時、アドバイスの内容という情報自体は外的フィードバックですが、「有益だから取り入れよう」と感じるのは内的フィードバックなのです。ただ、ここではわかりやすくするために2つのフィードバックを分けて説明しています。

さて、有名な心理学のフレームワークに**ジョハリウインドウ（Johari Window）**というものがあります。人間の自己認識と他者との関係性を理解するためのもので、以下の4つの領域で構成されています。

1. **公然領域（Open Area）**：自分も他者も知っている情報。

2. **盲点領域（Blind Spot）**：自分は知らないが他者は知っている情報。

ジョハリウインドウ

	自分は知っている	自分は気付いていない
他人は知っている	**1. 公然領域** 自分も 他者も知っている	**2. 盲点領域** 自分は知らないが 他者は知っている
他人は気付いていない	**3. 隠れ領域** 自分は知っているが 他者は知らない	**4. 未知領域** 自分も 他者も知らない

3. 隠れ領域（Hidden Area）：自分は知っているが他者は知らない情報。

4. 未知領域（Unknown Area）：自分も他者も知らない情報。

2×2のマトリックスで表したのが上の図になります。

フィードバックの重要性について論じる時、多くの場合2の「盲点領域」に注目が集まりがちです。

「自分のことは自分が一番わかっていない」という立場に立ち、自分ではわからなかった部分を外部からのフィードバックによって認識することが大事だ、という考え方です。

スポーツで言えば、練習を見ていたコーチによる指摘、ビジネスで言えば、外部コンサルの提言といったように「客観性」に重きが置かれます。特に日本のスポーツ界ではこの傾向が強いので、「俺の言うことを聞いておけ」というタイプの指導も行われる場合があります。

「内的フィードバック」か「外的フィードバック」か

もちろん、外的フィードバックによって新たな気付きがもたらされることも多いですし、「まったく人の言うことを聞かない」というのでは困りますが、私は、内的フィードバックにもっと目を向けるべきではないかと考えています。つまり、ジョハリウインドウで言う「隠れ領域」です。バッターが100本ボールを打った中で、たった1球「ほんの少しだけしっくり来た」という感覚はコーチには伝わらない場合がありますし（ものすごく敏感な指導者にはそれでもわかりますが）、通常のビデオにもその感覚は映りません。ビジネスでも、実際の現場にいるビジネスパーソンならではの感覚や気付きというものが必ずあるはずです。

「自分のことは自分が一番わからない」は一面では真実かもしれません。一方で、「自分のことは自分にしかわからない」のも事実。だからこそ、外的フィードバックとのバランスをとりつつも、自分自身の「ピンと来た」という感覚や本能をもっと使ってもらえたらと思います。

MEMO

「内的フィードバック」に目を向け、自分だけの感覚や直感を活用してみる。

HINT » 03

2つのフィードバックサイクルを使いこなす②

外的／内的フィードバックは、自分か、それ以外からかという方向による分類でした。もう一つ内容によって2つのフィードバックの類型が存在します。それがポジティブ／ネガティブフィードバックサイクルです。ポジティブ／ネガティブフィードバックサイクルは内的フィードバックを構成する二つの機能であり、外的フィードバックはこの二つを刺激するものだと言えます。

私が教えている大学の学生さんたちも一般的な言葉の意味に引っ張られてよく勘違いしてしまうところなのですが、この場合のポジティブ／ネガティブというのは「ほめるか、けなすか」ということではありません。

まず、**「ポジティブフィードバックサイクル」**は新しい可能性を探るために行うフィードバックで、開放系のサイクルと呼ばれます。もっといい打球を打つためにはこんなフォームはどうだろう、違うタイミングで打ってみたらどうだろう、とトライ&エラーをするといったことがこれに当たります。つまり**新しい情報をオープンに取り入れていくサイクル**になります。

対する**「ネガティブフィードバックサイクル」**は閉鎖系のサイクルで、例えば打ち方が決まったら、それを定着するために何度も反復する。その過程で「できた／できていない」を確認するためのフィードバックを指します。**新しい情報を入れずにクローズドの状態で同じことを繰り返していくサイクル**になります。

本を作る過程で言えば、著者が書いてきた原稿に対し、「もっとこういう話題について取り上げてはどうですか」「読者の理解を助けるためにこういった図版を入れるのはどうでしょうか」といった提案をする編集者の仕事は著者のポジティブフィードバックサイクルを刺激するものだと言えます。

一方で、用字用語が統一されているか、誤字脱字や事実誤認などはないかといったチェックをする校閲者は「ネガティブフィードバック」をしている部分があります。新しい日本語やかつて存在しなかった言語を作り出すのではなく、これまでの日本語のルールに従って、誤字脱字がないかどうかを何度も確認する作業の促進だからです。「この原稿最高ですね！」とほめる言葉を伝えるのがポジティブフィードバック、ということではありません。

自動車工場の生産ラインではさまざまなタイミングで品質検査が行われ、もし問題や欠陥が発見された場合、その部分の生産工程や設備が調整されることで、同じ問題の再発を防ぐよう努力します。

市役所の申請窓口では、定められた形式で申請がなされているか役所の職員がチェックしてフィードバックしてくれます。このように、ネガティブフィードバックは、多くのシステムの安定性を維持するための基本的な原理として利用されています。

「内的／ポジティブフィードバックサイクル」を起動する

ポジティブ／ネガティブフィードバックに関わる問題は、指導者と選手、上司と部下といった関係でよく起きがちです。打つ時にどうしても左足が開いてしまうことに悩んでいる選手が、コーチに「左足の開きだけチェックしてもらえますか」とネガティブフィードバックを頼んだとしても、コーチの中には「いや、タイミングの取り方を変えたほうがいいんじゃないか」「一本足はやめてすり足にしろ」と別の新しい情報を伝えてしまい(ポジティブフィードバック刺激の乱用)、選手を混乱させてしまうということが起きえます。自分の中で次のステップに行くための土台ができていない段階では、定着させる、固定させるためのネガティブフィードバックが重要になるのです。

ポジティブフィードバックサイクルとネガティブフィードバックサイクルは両方ともに必要で、適材適所、適切なタイミングで活用していかなければなりません。

ただ、「今までの自分を壊してより良い仕事をする」という本書の趣旨からおすすめしたいのは「内的/ポジティブフィードバックサイクル」の再編です。本来誰もが持っている内的ポジティブフィードバックサイクルがきちんと機能しているかを確認し、もしあまり使われていないようなら、それをシステムとしてきちんと運用できるように整え、再起動してより使えるサイクルにするのです。私もクライアントの皆さんや学生さんに「世界一を目指すなら内的ポジティブフィードバックが重要ですよ」というお話をさせていただくことがあります。このサイクルを起動して、自分が今よりさらに上に行

くためには何が必要か？　何ができるか？　というチャレンジを続けていくのです。逆に

・どこかであきらめてしまっている
・自分はこんなものだろうと限界のラインを引いてしまっている

といったことがあるなら内的ポジティブフィードバックサイクルがあまり動いていないことになります。

伸びていこうとする時にはオープンなマインドをもち、今の自分に安住せず、新しい自分を探していく必要があります。自分の感性を重要視して、より良いものを求める姿勢を持ってみましょう。

MEMO

フィードバックサイクルは必要に応じて使い分けるもの。ただ、成長のためには「内的／ポジティブフィードバック」が不可欠である。

HINT » 04

自分を縛る「枠」を取り払う

Q. 他人に合わせてばかりで自分の人生を生きていない気がします。

A. 自分の「内的適応」がどうなっているか見てみましょう。

「周りに合わせなければいけない」という意識について考える時、3つのポイントがあります。一つは**「順応（Adjustment）」**といって、コミュニティのルールや規範、価値観などが既に存在しており、それに自分を合わせていくことを指します。例えばアルバイト先で（たとえそれが自分の好みのファッションではなかったとしても）指定の制服を着る、決められた挨拶の言葉を使う、といったことがこれに当たります。

あとの2つは**「外的適応（External Adaptation)」**と**「内的適応（Internal Adaptation)」**です。

外的適応は簡単に言えば、「みんなと一緒にがんばろう」ということです。チームで仕事をする中で、メンバーの意見を聞いてすり合わせたり、お互いが気持ちよく働けるように配慮し合ったりというように、すべてのメンバーが満足し、なるべくWin-Winの関係になるように進めていく時には外的適応をしていると言えます。

内的適応は逆に「自分の中から出てくる欲求や衝動に正直になる」ことを指します。外部は関係なく、自分にとって本当に好きなことや、やりたいことをやるといったイメージです。

こうした3つの要素は常にどれかに寄っているというよりは、多くの人が順応をしつつ、ある時は内的適応を優先し、またある時は外的適応のほうを取るといったように無意識的にバランスを取りながら生活していると言ってもいいかもしれません。

「周りに合わせてしまう人」にやってほしいこと

ただ、「周りに合わせなくてはいけない」「周囲の期待に応えなければいけない」と強く感じている人は順応のほうに偏りすぎている可能性があります。そういう傾向の人は**人のためばかりに生きてしまい、結果として内的適応を置き去りにしている危険性がある**のです。本当にやりたいことをやらずに我慢して周りの期待通りに生きてしまうことは、ストレスになり得ます。もちろん、「人が喜んでくれるから自分もうれしい」という場合もありますが、突き詰めていくと本当は自分の中にモヤモヤが残っているということもあるでしょう。

また、外的適応に重きを置きすぎると、外的適応と順応の混同が生じる危険性があります。本来、外的適応は他人も自分も満足するように動こうとしますが、自分の責任感や自己犠牲の精神が強くなっていくと「相手の満足だけを重要視すべき」という気持ちに陥ってしまうことがあります。その結果、順応を自分に強いることになり、「あなたにはこういう役割をやってほしい」「こんな人であってほしい」と誰かから期待された枠によって自分を縛ってしまうことになりかねません。例えば、本当はホームランをたくさん打てるポテンシャルを持っている選手が「バントなど小技が得意で、長打は打てないからつなぐ役をやってほしい」と周囲から期待されることによって、自分を狭いところに閉じ込めて、多様な可能性をつぶしてしまう、といったことが起こります。

「周囲の理想像にハマらないといけない」という思いや「周囲から期待された役割を無意識にやってしまう」ということがあるなら、一度、**本当は何がしたいのか、自分を解放したらどうなるのか、とゼロベースで検討してみましょう。**

　時には内的適応を大事にして、自分を縛る枠を取り払い、自分をどう花開かせていくか、フリーハンドで考えてみてはいかがでしょうか。それが自分の可能性を大きく発展させるきっかけになるかもしれません。

MEMO

自分を閉じ込める枠になるものを取り除き、フリーハンドで考えてみる。

HINT » 05

「コーチャブル」な人間でいる

会社員をしながら母校の大学野球部の監督をしていた20代のころ、カナダからの留学生が入部してきました。

彼によると、カナダでは内野も芝生というアメリカ映画のような環境で野球ができるといいます。私は選手としての硬式野球経験は大学の4年間だけだったので、「やり足りない」という思いを抱えていました。ところが、当時の日本には今のように硬式のクラブチームがたくさんあったわけではなく、企業チーム（ノンプロ）レベルの実力には到底届いていない私のような選手には、硬式野球をやるチャンスがなかなかありませんでした。そこでカナダ行きを決めたのですが、現地のチームではプレーをしながら並行して高校生チームのコーチもやることになり、そこではトライアウトでの選手獲得にも携わっていました。

ちなみに私が滞在していた１９９５年当時のカナダでは、日本の高校野球のように学校単位で対戦する形式よりも、地域ごとに編成したチーム同士で対戦するカテゴリーのほうが盛んでした。各地域のチーム同士が対戦して州のチャンピオンを決めるのです。

野球をやっている子どもたちは、幼少期からその地域の代表としてのプライドを持って戦います。もっとも、チームへの参加要件はフレキシブルなところもあり、自分の居住地域では出場機会が限られると思った場合には、別の街のチームのトライアウトを受けることも可能でした。そのため、私が所属していたチームにも他地域からトライアウトを受けに来る選手が何人もいました。

そんな時、あるコーチが言っていた言葉で印象に残っているのが、

「同じ実力ならコーチャブルな選手を取りなさい」

というものです。**コーチャブル（Coachable）**とは「コーチ＝coach」と「可能＝able」を組み合わせた言葉で、文字通り「コーチングを受けることが可能な人」を指します。コーチャブルな選手のほうが周囲からの助言を生かして自分の能力を最大限に引き出し、成長していく可能性が高い。要するに素直でコーチャブルな選手のほうが伸びしろがあると考えられていたのです。

もちろん、これは野球に限ったことではありません。コーチャブルな資質である正直さや謙虚さ、あきらめず努力をやめない姿勢、常に学ぼうとする意欲を持っている人は、どの分野であっても、持続的に成長していく可能性が高いでしょう。

コーチャブル＝「イエスマン」ではない

言うまでもなく、コーチャブルであるとはなんでもハイハイということを聞くということではありません。外部からの情報はタイミングや量、表現方法によってはノイズ（余計なもの）になってしまう可能性もあります。打撃フォームをこう変えなさいと言われて変えればコーチャブル、変えなければコーチャブルでないというように単純なもので

綿菓子のメンタル

自分の軸（割り箸）に自分の経験や考えだけでなく
人からの助言や指摘なども巻きつけて、
どんどん大きな自分になっていく

はないのです。

そのため、自分の芯がしっかりとあって、そして聞く耳も持ちながら、コーチや周囲の声を聞いて自分を太くしよう、しっかりさせようという意識を持てるかどうかが大事になります。

綿菓子のように自分の芯（割り箸の部分）はしっかりと持ちつつ、アドバイスを取り入れながら柔軟にその周りに綿菓子を巻きつけて太くしていく、つまり自分の力量を伸ばしていく、という状態が理想だと言えます。

割り箸がなければ、綿菓子もくっつきません。軸がなければ、有益な情報があっても、ただふわふわと秩序なくその辺を漂っているだけになってしまいます。だからこそ、ベースとなる自分の軸が一番重要なのです。

一方で、人によってはコーチの言うことに耳を貸さず、反発したり、コーチングされること自体に嫌悪感を持ったりする人もいます。理由はいろいろ考えられますが、「真に自分に自信がないから」「過去の栄光に縛られ自分のやり方に固執してしまう」といったことが可能性としては考えられるでしょう。

自分がコーチャブルであるかどうかを確認するためには、次のような問いを自分に対して投げかけてみてください。

- **「自分ならこうする、こうしたい」という対案のない状態で現状に文句ばかり言っていないか**
- **助言や指摘に対し、聞く耳を持っているか**
- **「どうせ自分はこの程度の人間だ」とあきらめて変化を拒んでいないか**

自分の軸をしっかり持つことと同時に、外部からのフィードバックに対してもオープンなマインドを保つことを心掛けてみましょう。

MEMO

自分の芯を持ちつつ、周囲の意見を取り入れる「コーチャブル」な人間になる。

HINT » 06

「悔しがり屋」は伸びる

極めて遠い目標を目指し、実現できる人は心の中に何を持っているのでしょうか。

私の知り合いの中に二人、「普通に考えれば無理」と思われるような目標を掲げ、のちにそれを成し遂げている人がいます。詳しい内容は書けませんが、二人の共通点は何だったかと考えると、難易度の高い目標について「今は無理かもしれないけど絶対やりたいんです」と悔しがりながら話していたという印象があります。

2023年のワールドベースボールクラシック（WBC）でもヒントになるような出来事がありました。日本代表チーム最年長のダルビッシュ有投手が、バンテリンドームでの出来事について高木豊さんのYOUTUBEチャンネルでこう語っていました。

この前大谷くんが名古屋で凄いバッティング練習したじゃないですか。その時他の選手たちは「すげぇ！　すげぇ！」ってなってるわけですよ。僕村上くんの表情だけずっと見てたんですよ。1人だけハァ~じゃないですよ、怒ってるんですよ。

でその前に野手会行ってたんですよ。その時に皆に「村上、お前大谷には勝てねぇよ」「レベルが違ぇよ」と言われてたけど、「でもわかんないですよ」「負けたくねぇ」とかずっと言ってたんですよ。勝てるんじゃないか……56本打ってるしというところがあって、（でも練習を見ていた）その時自分では今は勝てないと思ったんでしょうね。すごくイライラしてるのがわかって、でもこれいいなと思ったんですよ、村上くんは56本で三冠王取ってまだその気持ちがあるっていうのは。

２０２２年にセ・リーグの三冠王を取って、日本プロ野球界のトップに立ったといってもいい村上選手が、大谷選手の凄まじい打撃練習を見て、自分はまだまだ及ばないという現実を突きつけられた、そこで湧き上がってきた感情は**「悔しさ」**だったのです。

今の自分とは違うという事実は認めざるを得ないが、将来はわからないぞ、という気概が感じられて、私もとてもいいなと思いました。

「あきらめてしまう人」との違いは何か

一方で、圧倒的な実力差を見せつけられた時に「自分とは違うんだ」とあきらめてしまう人もいます。両者の違いはどんなところにあるのでしょうか。

あきらめてしまう要因はいくつか考えられますが、その一つとして考えられるのは、**「覇気」**の強さです。

覇気とは、自己主張が強くなる3、4歳ごろにその源泉があります。今まで親に面倒を見てもらう受動的な立場だった子どもが、「自分でやる!」と自己主張し、能動的に活動し始めます。それまではベクトルを持たなかったエネルギーがまとまり、一定の方向に向かっていくものを覇気と呼びます。

覇気が強ければ「人と人との間で競争し負けが見通されている時でさえ（中略）、粘りを持って競争することで多くの得るものがあることを徐々に学習していく」（小谷

2018）とされ、どのような状況でもへこたれずに前を向き続けます。

心が折れてしまいそうな状況でも「悔しさ」を感じ、とにかく前に進もうとしている時には、この「覇気」が十全に発揮されていると思ってください。「悔しさをバネにしてがんばりました」というコメントをされるアスリートの方がいらっしゃるように、悔しさを感じている状況はさらなるエネルギーを発揮できるかもしれないチャンスだとも言えます。

悔しがっている自分がいるのに気付いた時、その気持ちを流さずに、変な言い訳もせず、思い切って立ち向かってみると、新しい世界が開けるのです。

MEMO

自分の中に「悔しさ」がある時、そのエネルギーが伸びしろになる。

HINT » 07

「再チャレンジ」のループを作る

「すっぱいブドウ」という寓話をご存じですか？

キツネが高い場所になっているブドウを見つけ、それを食べたいと思います。何度もジャンプして取ろうとしますが、どんなにがんばっても取れません。疲れてあきらめたキツネは自分を慰めるために「あのブドウはすっぱいに違いない」と言い放ちます。

このように手に入らないものの価値を変えて、「欲しいものではなかった」と自分に言い聞かせるような心の動きを**「合理化」**と言います。これは自分の心を守ろうとする防衛機制の一つでもあって、頭の良いキツネは本来食べたかったはずのブドウの価値を低く見積もることで、心のダメージを軽減しようとしているのです。対人関係でも、フラれた恋人について「結婚する相手ではなかったんだ」と言って溜飲を下げるとか、仕事でうまくいかないことがあると「あの仕事は請け負ってもあんまり意味がなかったんだよ」といった態度をとるといったこともあります。これらは言い訳にも聞こえますが、悪いことばかりではなく、特に青年期には評価される心の動きでもあります。目の前の負けを正面から受け止めて絶望することを避け、再チャレンジの時までのモラトリアム（時間的猶予を持つこと）を可能にするからです。そして再度その課題に立ち向かうまで自分の力を蓄え、再チャレンジすれば良いのです。

　キツネの例は「やってみたけどダメだった」という結果に起因する合理化ですが、「チャレンジをしないための合理化」とも言うべき現象もあります。人から否定されたり、拒絶されたりするのを避けたいがために、自分の意見やアイデア、企画には意味がないものだと考えて、表に出すのをやめてしまう。つまり、「やらないことに対する合理化」とも言うべきことを行ってしまうのです。

　本当はやりたいのに「自分の意見には意味がない」と思い込むことで、心の傷つきを回避しようとするのです。

チャレンジしないための合理化や、再チャレンジに向かわない合理化も短期的なものであれば大きな問題にはなりにくいでしょう。ただ、それが癖になってしまうと、何にもチャレンジできないまま時間だけが経ってしまうということにもなりかねません。

「ダメ元」はなぜ有効か

先回りして恐れるのではなく「まずやってみる。その結果は後で考える」ことが大事です。「ダメ元でやる」という言い方がありますが、まさにこのことを意味しています。

同じ「どうせ」でも、「どうせダメで元々なんだから思い切ってやろう」なら、ダメかどうかという結果に価値を置いていない分、うまくいく可能性は上がるでしょう。

仮にダメだったとしても、結果だけを見てすべての努力を0と自己評価するのではなく、何か少しでもきっかけをつかみ、前進すればいいのです。結果での評価（アウトカム評価）も大事ですが、その経過での評価（プロセス評価）も大事です。その中で改善すべき点を抽出し、また努力して、再チャレンジというループが作れれば良いでしょう。

再チャレンジに向かわない合理化のループを断ち切り、本質的に重要な努力に目を向けてみましょう。

MEMO

プロセス評価に目を向け、再チャレンジのループを作る。

第2章

「今、ここ」に集中する

HINT » 08

「前後際断」が最大の能力を引き出す

前後際断とはもともと禅の言葉で「その瞬間に生きる」ということです。次のページの図のように、前と後ろの際（キワ）を断ち切る。つまり**将来への不安や過去の後悔を捨て去り、今生きているその瞬間にすべてを集中させること**を言います。

「今、ここ」にしかない生々しい自分の感覚にどっぷりと浸かってみましょう。すると、いつもより自分の感覚が鋭敏になり、自分や他人、環境から受け取る情報量が増大します。自分は今この瞬間どう感じているか、相手はどのような反応をしているか、周囲の状況はどうか。過去や未来に奪われていたエネルギーを現在に集中することで見えてく

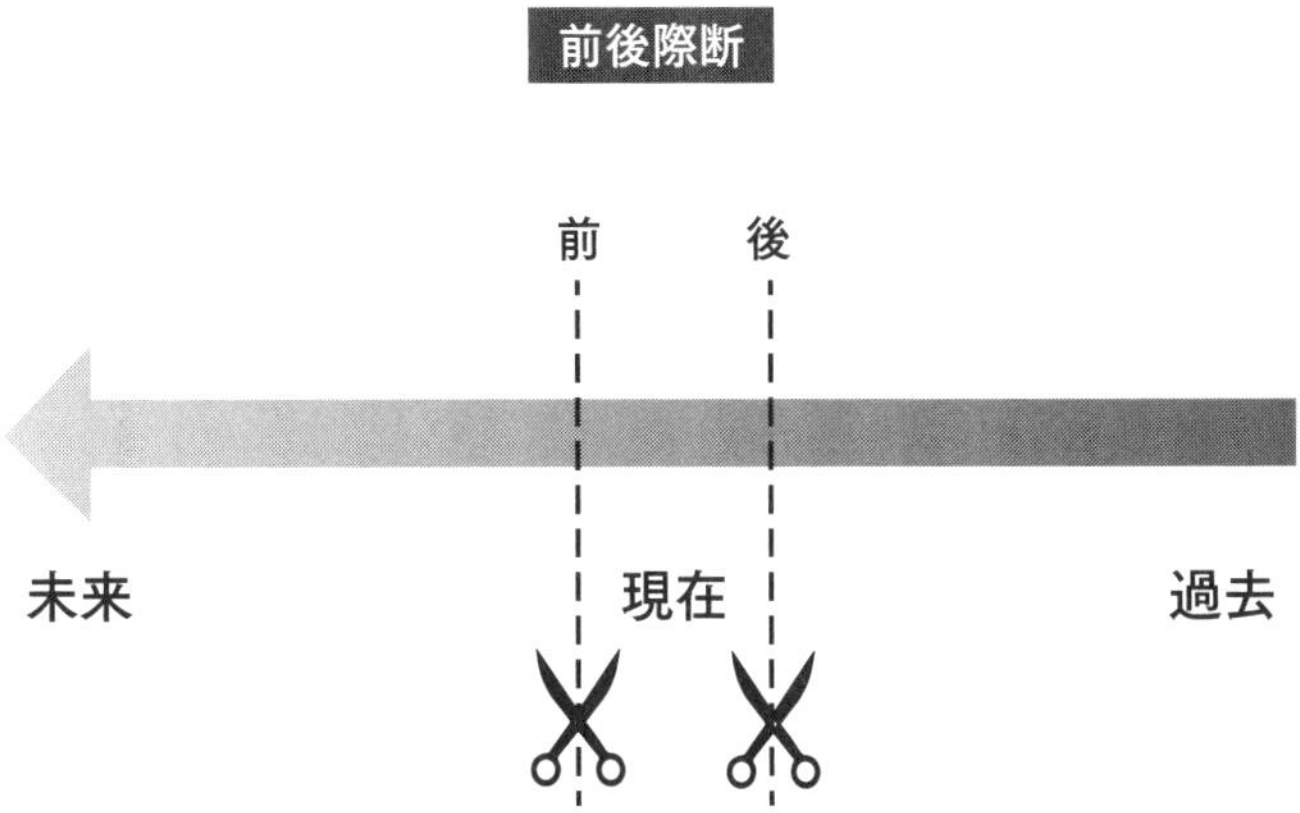

※実際は「現在」は一瞬であることに注意する

るものがあります。

野球選手で言えば「ボールが止まって感じた」「ストライクゾーンに構えたキャッチャーミットまでのラインが見えた」といった逸話があります。これは何も大げさな表現ではなく、人間が最大限の集中力を発揮した時、普段では考えられないようなポテンシャルが引き出される可能性があるということだと思います。

極限状態で発揮される力

こうした体験をしているのはスポーツ選手だけではありません。第二次世界大戦を生き残った小野田寛郎さんもフィリピンのルバング島での戦いを通じて不思議な能力が発揮された経験を語っています。夕暮れ時、周囲を敵軍によって完全に包囲されてしまった時のことでした。「本当に命を懸けなければ」と追い詰められた瞬間、頭が数倍の大きさに膨らんだかのような悪寒に襲われ、あたりがパーッと明るく鮮明に見えるようになったそうです。

「夕闇が迫っているのに、まるで昼間のような明るさになりました。そして、遠くに見える木の葉の表面に浮かぶ1つ1つの脈まではっきり認識することができました。そうなると、はるか先にいる敵兵の動きも手に取るように分かります。それこそ、相手が射撃をする直前にサッと身をかわして銃弾を避けることさえできると思いました」。

（B&G財団「注目の人」より）

銃弾をよけられた、と聞くと私のような一般人にはにわかに信じられない事実だと思ってしまいますが、戦場という極限状況、常に命が危険にさらされているような状況は、いわば強制的に「前後際断」の状態になっているようなもの。通常では考えられないほどに五感が研ぎ澄まされ、潜在能力が発揮されたのだと考えられます。

これは極端な例ですが、過去と未来への意識を断ち切り、その瞬間を生き切ることで自分が思ってもみないような能力を発揮できる可能性が高まるのです。

MEMO

前後際断することで、過去や未来に奪われていたエネルギーを今に集中できる。

HINT » 09

結果にフォーカスしすぎてはいけない。結果はあくまで「結果として」出るもの

スポーツでも仕事でも、「結果がすべてだ」とよく言われます。

スポーツ競技であればチームの勝利、ヒットや奪三振、メダル獲得。仕事であれば営業成績や売上の向上、案件の受注、プロジェクトの企画立案、成功などが考えられるでしょうか。スポーツ選手はもちろん、ビジネスパーソンでも業務上の成果に対してインセンティブが設定されている、というケースも多いでしょう。「結果」は究極の目標でありゴールであるという共通認識があるといっても過言ではありません。

しかし、ここに落とし穴があります。逆説的ではありますが**「結果を出す」ためには**

「結果」から距離をとる必要があるのです。

結果はあくまで「結果として」ついてくるもの。まるで禅問答のようですが、これは結果を出すためにはとても重要な考え方です。

それはなぜでしょうか。第一に、結果にフォーカスし過ぎると、自分の持っている能力をフルに発揮しにくくなることが挙げられます。

「成果が出たから○、成果が出なかったら×」

という価値観になってしまうと、失敗を恐れて縮こまったり、イップスといって体を思ったように動かせなくなったりといった状況になりやすくなります。「結果を出さないと」という強迫観念は自分の力を削ぐ方向に働く可能性が高いのです。

そのため、私は担当するクライアントさんが出した「結果」に対して、ご本人のお話を伺う前にこちらが勝手に何らかの「評価を下す」ことは極力避けています。

例えばある選手の方と試合に勝った直後にお話しする機会があったとしましょう。まずは「お疲れ様でした！」とお伝えし、その後にすぐ「あれがよかった、これが悪かった」というように結果についての価値判断を含むお話はしません。あくまでもご本人がどう感じられたのかが重要ですので、「いかがでしたか？」というニュートラルな問いかけを心がけます。

逆に、仮に成績的には失敗と思われる結果だったとしてもこちらから「残念でしたね」とは絶対に言いません。それは残念だったかどうかは本人にしかわからないからです。負けたとしても、あるプレーですごい収穫があったと喜んでいらっしゃるかもしれません。失敗から何かを得ているかもしれないのに、外野から結果だけを見て「残念」というレッテルを貼ってはダメ。そこは予断を持たない姿勢で伺うことが大事だと思います。

皆さんもご自身で自分の結果を振り返る時、○か×かだけを見るのではなく、フラットな視点に立つことを意識してみてください。そこで何かを得ていることに気付けば、結果に対する過剰な執着を和らげることができる可能性があります。

心の向かう方向

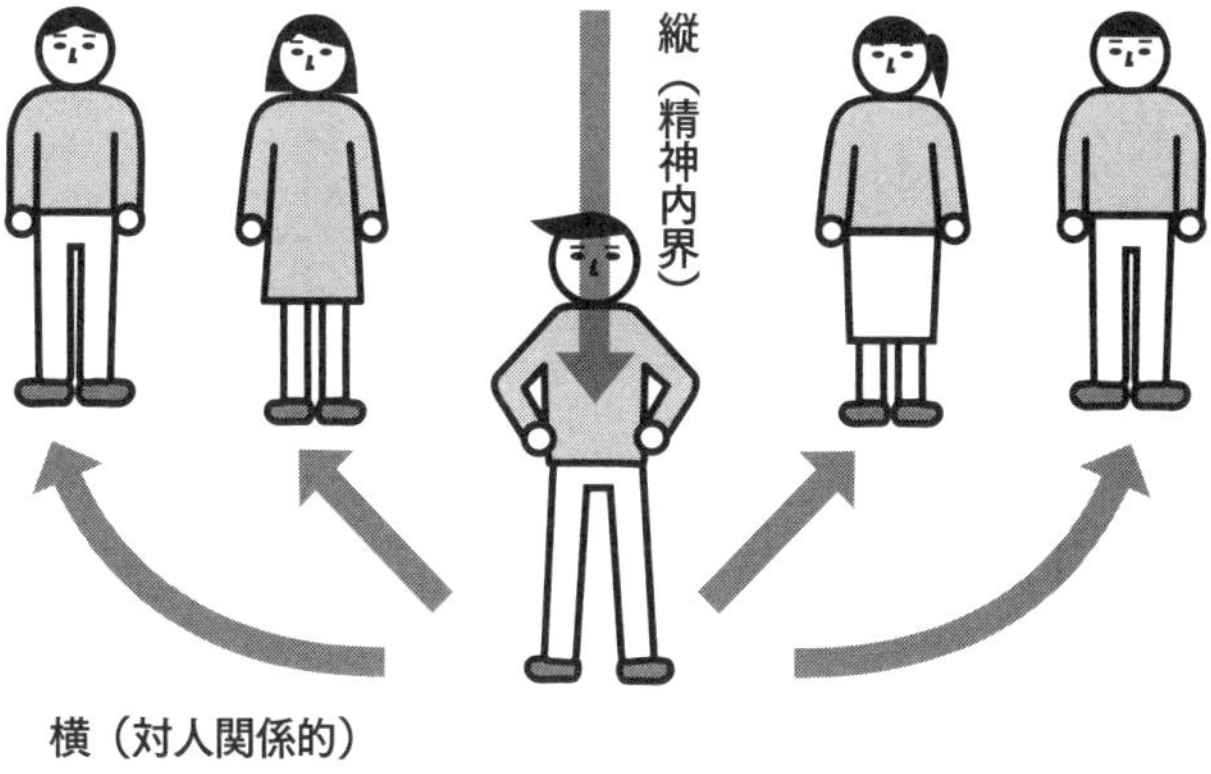

「縦の軸」を意識する

もうひとつの理由は、結果という「未来」に心がいってしまうと、目の前の生々しい戦いにそそぐエネルギーが減ってしまうことです。

人間の心の向かう方向には比喩的に言って「縦」と「横」があります。縦というのは自分の心の奥に入っていくこと。横とは他人など、対人関係に目が向くことを指します。これを心理学では、**縦をintra-psychic（精神内界）、横をinter-personal（対人関係的）**と言います。

「自分との戦い」「自分を信じて」などと言うように、何かにチャレンジする時や自分の力を最大限に発揮しようとする時、重要になってくるのは自分の精神内界との対話です。結果が出るかどうかということは考えず「その瞬間に全力を尽くす」。これが勝負の鉄則です。

その場の雰囲気にどっぷりと浸かり、神経を研ぎ澄ます。本能を解放し、そして勝負します。

「縦（intra-psychic）」に入り、その場の状況、その瞬間において自分ができることを最大限やりきってみることです。

逆に結果という「将来のこと」にフォーカスしすぎ、「人にどう思われるかな？」「失敗したら評価されないな」などと「横（inter-personal）」のほうに気を取られることは、自分の力を減らすことになります。

結果という「将来のこと」を心配し、人の目という「横のこと」に心を乱される。こうなってしまうと、「思ったような結果」が結果として出ないということになります。

チャレンジする、思い切って仕事をするということをメインにおきつつ、やってみたら「結果として」結果が出た！　という状況を目指しましょう。

MEMO

「結果にこだわる」「勝ちにこだわる」は逆効果にもなる。結果を意識し過ぎず、目の前のことに全力を尽くすことが「結果として」結果につながる。

HINT » 10

「トレースの罠」にハマらない

昔まだ私が大学生だった時、友人と一緒に行ったスポーツ用品店である催しがありました。一定の金額分の商品を買うとゲームをさせてくれるのです。どういうものかと言うと、マジックテープの巻かれた布製のボールをほんの２、３メートル先にある、やはりマジックテープのもう片方の面が貼り付けてある「的」に投げるだけなのです。渡されるボールは２球。１球目は練習で、２球目が本番です。２球目を的にうまく貼り付けることができれば賞品がもらえ、外すと参加賞というルールでした。

ゲームの難易度はそう高くなく、普通に投げれば的には当たる距離でした。ところが、我々の前にやっている人たちが意外と本番では外してしまうのです。１球目はみんな当たります。しかし「それでは本番です」と言われ、いざ2球目を投げるとなかなか当たらないということが続いていました。そして友人の番がやってきました。彼は1球目をなんと大きく外しました。そして2球目。ボールは難なく的に当たり、彼は賞品をもらったのです。

もう察しがついている方もいらっしゃると思います。**人間は一度成功体験をすると、次からはそれを基準にしてトレース（ここでは前にあったことをもう一度同じようになぞろうとすること）しようとすることがある**のです。そのため、1回目にうまく的に当てた後、2回目には「さっきと同じようにやろう」として、動きがギクシャクしてしまう。つまり、自分の能力を思い切り使うことよりも、前の体験をそのまま再現することに意識がいってしまい、かえって思う通りに体を動かせないということが起きるのです。

無我夢中にやる、何も考えずに立ち向かう。そういう時には人間は自分の持っている力を思いきり発揮しやすくなります。雑念のないフレッシュな状態で、自分の持っているすべての力をその瞬間に出そうとします。

その一方で、「うまくやらなくては」「前はできたんだから今度もできるはず」などと考えると、前の自分と同じようにやることが目的になってしまい、本来の目的である「的に当てる」ことがおろそかになるのです。

同様の例をもう一つ挙げましょう。野球をやっている時によくある声援で、前の打席にヒットを打った選手に対して「さっきの、さっきの！」というものがあります。この打席もさっきと同じように打ってほしい！　という気持ちを表すものですが、これも厳密にはトップアスリート的な考えとは異なります。前の打席はその時の状況や相手バッテリーの攻め方とこちらの打ち方が噛み合ってヒットになりましたが、この打席では状況も異なりますし、相手の攻め方も今度は違ってくるでしょう。もしかしたら先ほどの投手は降板していて違う投手との対戦かもしれません。それなのに、前の打席と同じようにやろうと考えてしまっては、打てるものも打てなくなってしまいます。

「昔の自分」を追いかけず、目の前の生々しさにフォーカスする

ビジネスの場面でもこのようなことが思い当たる方もいらっしゃるのではないでしょ

うか？　以前の実績がなまじあるがために、うまくいかない時に「前はうまくいったのにな」「同じようにやっているはずなのにな」と焦ってしまう。このような心の動きはわかりますが、これに気づいたらいち早く昔の自分を追いかけることはやめましょう。過去にとらわれず、常にその瞬間、瞬間に最善を尽くすことのほうが大事です。

心理学で言う**「here and now（今、ここ）」**。この一瞬に集中する、という意味です。**常にすべてはその瞬間に起きています。**前と同じことがまた起きることはあり得ません。まったく同じシチュエーションはない以上、「さっきの」で同じようにうまくいくとは限りません。ヒットを打ったことを思い出し「今日の俺は調子が良い」と言い聞かせることは決して悪いことではないのですが、同時に過去に縛られることでもあります。

過去に起きた「良いこと」に安心・安全を求めると、今この瞬間の勝負への追求が薄まってしまい、立ち遅れたり、相手に力でねじ伏せられたりすることもあります。その時できる最大限のことをするという「ピリピリした」状態で戦うことが大事です。もちろん自分の力量に比べて目の前の課題が簡単であったりすれば「さっきの」ヒットをもう一度打つこともできるかもしれません。ただ、そのように「少し調子に乗った態度」

で戦って毎回勝利を収められるほど、人生は甘くありません。常に、今を真剣に戦う。これがメンタルの基本です。

MEMO

過去に安全・安心を求めるのではなく、「今、ここ」にすべてを集中する。

HINT ≫ 11

自信は必ずしも必要ない

多くの人が抱える悩みに「自信がない」というものがあります。

自信の取り扱いは非常に難しい部分があるのですが、私は2つの段階に分けて検討する必要があると考えています。

ひとつは「その場に行く」「土俵に上がる」ためのもの。仕事で言えば「会議で手を挙げて発言する」とか「企画を提案する」「客先を訪問する」といった最低限の舞台に上がるための自信はあってしかるべきでしょう。

私が原則不要だと考えているのは**「こうやったらうまくいく」というような自分の得意パターンに対して持つ自信や、「これだけやってきたんだから絶対に成功する」とい**

うような、過去の経験に起因する自信です。

スポーツでは、自信があろうとなかろうと目の前の相手とその場で戦わなくてはいけません。たとえ自信がなくても、今持っている能力、技術を最大限有効活用して目の前の相手を倒さなくてはいけない。それに、もっとも実力のある人が一番自信を持っているというわけではなく、実力的にはまだまだの選手が自信満々ということも当然ありえます。だから、自信満々でいけば勝てるのかというとそれも違うのです。

また、レベルが上がれば上がるほど「自信を持っている」なんて言えなくなってくる、という現象もあります。

私もカウンセラーの経験がそこそこ長くはなっていますが、初めてお会いするクライアントのカウンセリングをする時に自信を持っているかと言われれば、正直そんなことはありません。

45—90分という時間の中で、基本的なお話を伺うことはできるだろう、それほど関係を壊さずに話は伺えるかな、といった程度です。カウンセリングは自分の必勝パターンに相手の方を乗せていく、という類のものではないので、どういう話の展開になるかまったくわかりません。またお会いする方の人生はそれぞれまったく違うものですので、前にうまくいった方法が今回も効果的とは限りません。カウンセリングをすれば必ず相手の方を良い方向に導くことができる、いい仕事ができる、といった意味での自信を持っているのではなく、**「その瞬間に最大限、一番良いと思われることを選択しながら取り組もう」**と考えるだけです。

自信と「時間軸」の関係

自信を求めることは時間軸の意味でも弊害があります。まず、「自信がある」という状態は、「自分はかつてできたことがある／勝ったことがある」という過去をリファレンスとする（参照する）ことにつながりやすくなります。前にできたから今回も大丈夫だろうという風に考えて、その瞬間の戦いから意識がずれてしまうと、パフォーマンスが下がってしまいます。

逆に、「よい結果が出るだろう／勝てるだろう」という考え方も、未来の結果に意識が飛んでしまっている状態だと言えます。勝てるかどうかはわからないけれど、がむしゃらになって目の前のことに取り組むという姿勢が最重要だと言えます。

「勝ったことがある」は過去。「勝てる」は未来。「倒しに行く」のは今です。今、この瞬間にもっと目を向けてみましょう。

MEMO

自信があってもなくても集中するべきは「今」である。

HINT » 12

アウェイな状況を自分の「場」に変えるコツ

スポーツの試合では例えば、Aチームの本拠地で1試合、Bチームの本拠地で1試合を行うといったホーム&アウェイという方式が広く採用されています。それにはもちろん興行的な理由もありますが、両チームのコンディションをイコールにするという側面もあります。慣れ親しんだホームスタジアムではファンの方々の声援も大きく、使い勝手知ったる「我が家」では自分達の力を出しやすくなります。いわゆるホームアドバンテージと言われるものですね。

逆に言えば、いつもと違う状況であるアウェイで力を発揮することは誰にとっても難しいことです。初めて行った取引先やパーティー、役員を前にしたプレゼンなどでいつも通りに振舞えなかったご経験をお持ちの方もいると思います。ホームの環境ならやるべきことに集中して余計なことを考えずにすみますが、アウェイな状況では、場所になじむことにも気を回し、余分なエネルギーを使ってしまいます。

そこで、ここではアウェイな状況を自分の「場」に変えるための工夫を考えてみましょう。

プロ野球のペナントレースでは、地方遠征も多く組まれており、初めて訪れる球場で試合をすることも少なくありません。また、国際大会などでも未知のスタジアムで戦わなければいけないことがあります。他の競技でも世界中、さまざまな国で試合が行われる場合があります。そんな時、選手の方には「初めての球場（競技場、体育館など）に行った時は、まずは会場をぐるりと1周し、可能なら観客席も歩いてみてはどうですか」とご提案することがあります。私自身も講演などのご依頼を受け、初めての会場でお話しする時は可能な限り下見をさせていただいています。大学の教室などであれば、どれくらいの広さで、どんな照明が当たっているのか、といったことを体感して**事前に空気**

感をとらえ、未知だった空間を自分のものにしていくのです。

下見によって準備をすることができればよいのですが、もちろん、それができないこともあります。飛び込みで営業に行ったとしたら、どんな部屋に通されるかわかりませんし、転職の面接を受ける部屋がどんなところか事前に下見することはできません。そんな時は**「部屋に入ったら四隅を見る」**ことを習慣にしてみてください。顔を上げて視野を広げ、全体の空間を把握します。

「自分のメンタルメイトリックス」を敷く

この時、自分の心の中でその場に**「絨毯を敷く」**ようなイメージを持ってみましょう。

私がカウンセリングをする時は、部屋中に無地のベージュ色の絨毯を敷き詰めるような想像をします。その絨毯は自分の神経細胞の延長のようなもので、小さなピンが一つ落ちても気付くような、ちょっとした変化も感知できる、そんなイメージを持つのです。

すると、私の仕事であればクライアントさんがおっしゃった言葉の一つひとつや表情のちょっとした揺らぎや変化をよりとらえやすくなります。これを心理学で**「自分のメ**

ンタルメイトリックスを敷く」と言います。これにより、状況としてはアウェイに近いものだったとしても、ここは自分の「場」なんだという意識が持てるようになります。

そうして、その場に「相手の方を招き入れる」という感覚を持てれば、より落ち着いてプレゼンや試合ができるようになりますし、ホームアドバンテージも得られるかもしれません。

MEMO

アウェイな環境は誰にとっても難しいもの。その場に自分の絨毯を敷き詰めるようなイメージを持ち、場の空気感をつかむ。

HINT » 13

「ウキウキ気分への恐れ」を乗り越える

Q. 仕事でも恋愛でも、同じ失敗を繰り返してしまいます。

A. ごく稀にですが、成功を恐れるという心理が働いているかもしれません。

人生はうまくいくことばかりではありません。どうしても同じミスを繰り返してしまうこともあります。その理由を考え、対策を練って、「次こそは!」と思いまたチャレンジする。しかしまた同じような失敗を繰り返してしまう、ということもあると思います。

もちろん、失敗にはなんらかの原因があり、それを分析して次に備えるということは重要です。それで次回うまくいくということもあるでしょう。一方で、何度も同じようなことを繰り返す深層心理には、**「成功を恐れる」**という心が隠れている場合があります。「うまくいきそうな時ほど心がざわついてしまって落ち着かない」と感じてしまうのです。それを自覚することはとても難しいですが、知識として知っておくのは有用だと思います。

こうした状況を心理学の用語で**「ウキウキ気分への恐れ」**と言います。ちょっと変わった用語ですが、文字通り**「ウキウキする気持ちが自分の中に湧き出てくることを恐れる」**という心理状態を表す言葉です。この気持ちが「まるっきりわからない」という人も「ああ、時々あるかも」と思われる方もいらっしゃるかもしれません。なんらかの理由で、

- **喜んではいけない**
- **いいことがあると必ず悪いことが起きる**
- **調子に乗っていると足をすくわれるに決まっている**
- **自分は幸せになってはいけないんだ**

などのように感じてしまい、うれしいこと、喜ばしいことを「無意識に」避けてしまう心の動きです。自分が成功した時に人から嫉妬を受けた、調子に乗っていると言って批判されたことがある、などの嫌な記憶も成功を恐れる気持ちを助長する可能性があります。

覚悟を決めて「次の段階」に行く勇気を持つ

もちろんこれだけが失敗の理由とは限らないですし、スポーツの世界ではただ単純に技術が足りないとか戦術の選択ミスなどが敗戦理由になることも多いでしょう。ただ、いろいろ入念な準備をして、絶好調で本番を迎えた時にも失敗を繰り返す時、このような気持ちが自分の奥にあるかどうか、一度検討してみましょう。

もし、成功を恐れる気持ちが心の中にあることを自覚したら、**「自分は本当に成功したいと思っているのかどうか」一度自問自答してみてください。**

その結果、本当に成功したいのであれば、覚悟を決めて次の段階に飛び込む勇気を持ちましょう。

この時重要なのは、結果やその後に起こるであろうことから意識を切り離し、「目の前のことに全力を傾ける」ことです。後先のことは考えずに、自分がやりたいこと、やるべきこと、乗り越えたいことを思い切って行ってみましょう。

普通は誰もが求めている「成功」を逆に恐れる気持ちがあるなんて、人間の心は本当に奥深いものです。こういった過去のトラウマがもたらす未来への不安とも戦いながら、我々は日々成長しようと努力を続けているのです。

MEMO

同じ失敗を繰り返してしまう人には「成功を恐れる心理」が潜んでいる可能性がある。先のことを考えるのではなく、目の前のことにフォーカスしてみよう。

第3章

心のエネルギーを生産的に使う

HINT » 14

感情の「コンデンス」をほぐし心の空間を広げる

仮に、次のような状況を想像してみてください。

試合前、スターティングメンバーを外された選手が控え室で荒れていました。足を踏み鳴らし、天を仰ぎ、「なんで俺を使わないんだ！」と叫んでいます。あまりの剣幕に周囲の人もなかなか声をかけることができませんでした。

この時、彼の心の中にある感情は何だと思いますか？

もちろんメンバー落ちした怒りや失望、首脳陣への憤りもあるでしょう。

しかしそれだけではないかもしれません。実は無意識的には自分の力のなさを感じていて、それを嘆いている、あるいは思い通りにプレーできないもどかしさ、チームに思うように貢献できない悔しさを感じているのかもしれません。もしかしたら競技生活をそろそろ終えなくてはいけないかもしれないという恐怖や不安といった感情が渦巻いている可能性もあります。


感情は、うれしい、悲しいといった単一のものだけでなく、複数の感情が凝縮され絡み合った状態になることがあります。これを**コンデンス**と言います。牛乳を濃縮してつくる練乳のことを「コンデンスミルク」と呼びますが、あの「コンデンス」です。

「愛憎半ばする」という言葉があるように、ポジティブな感情とネガティブな感情が絡み合うことも少なくありません。

感情のコンデンスが起きていろいろな感情がごちゃごちゃになると、自分の気持ちがとらえにくくなり、結果としてイライラやモヤモヤが起きやすくなります。「何をやっ

感情のコンデンス

てもうまくいかないなー」と八方ふさがりに感じたり、行き詰まりを感じてどうしようもなくなってしまったりしている時もコンデンスが起きている可能性が高いと言えます。

　では、感情のコンデンスにはどう対処すればいいのでしょうか。まず感情のコンデンスを具体的にイメージするために、洗濯機に洗濯物を詰め込みすぎて回らなくなってしまったという状態を想像してみてください。Tシャツ、ワイシャツ、下着、タオル、靴下などが絡み合い、取り出そうとするといろいろなものが全部持ち上がってしまうあの状況です。固まった状態だとにっちもさっちもいかなくなってしまいますが、1回出してほどいてあげることで、白いTシャツだけで洗う、乾きやすいものは後回しにするといった善後策を検討することができます。

心も同じで、まずは狭いところから取り出して、一つずつ丁寧に検討するという作業が有効です。

感情を「外に取り出す」イメージを持つ

感情のかたまりをほぐし、自分が感じているのは怒りなのか、悔しさなのか、あるいはその両方なのか？　それに情けなさ、恥ずかしさ、嫉妬もあるなーといったように一つ一つ確認して**「置いていく」**ようなイメージを持ってください。固まりの状態では見えなかった自分の本当の気持ちが少しずつ見えてくるはずです。洗濯物と同じで、絡み合っていた感情をいったん外に取り出すことができれば、それに対する対処法を考えることができるのです。

コンデンスをほぐすには、「今の感情をとにかく書き出してみる」「信頼できる人に話す」「我々のような専門家に相談する」といった手段も有効です。

心のスペースにぎゅっと詰め込まれていた感情を取り出すと、そこには空間ができます。心の自由空間を確保することで、エネルギーも上がり、クリエイティブな思考を巡らせる余裕も出てくるはずです。

MEMO

複数の感情が絡み合うことをコンデンスと呼ぶ。意識的にコンデンスをほぐすことで、心の機能が回復する。

HINT » 15

「未処理フォルダー」を活用する

人間はわかっていることを再度指摘されたり、相手の言い方がキッかったりすると、どうしてもカチンときてしまいます。そして怒りが湧いてしまうと、それ以降はどんないいことを言われても頭の中に入ってこなくなってしまうこともあります。お恥ずかしい話ですが、実は私もミーティングなどで熱くなってしまうと、半日くらいムカムカが収まらないこともあるのです。

そんな時、感情を処理し、適切な学びを得るためのテクニックをご紹介します。

心の中に一時保留するためのフォルダー、その名も**「未処理フォルダー」**を作ってみ

未処理フォルダー

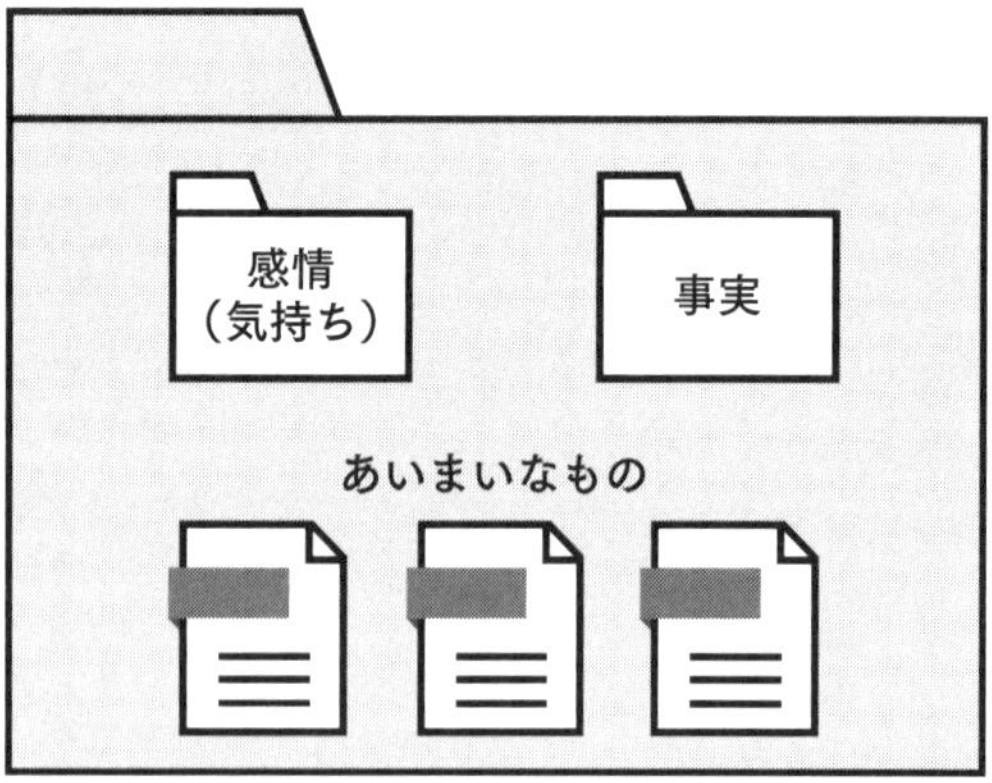

てください。皆さんがパソコンを使っていろいろな書類を作った時、フォルダーを作成して関連するファイルを収納されますよね。そのフォルダーの一つに「未処理フォルダー」、つまり未処理のものをとりあえず入れておく専用のフォルダーを作るイメージです。

この時、ポイントはまず「未処理フォルダー」にポンポンといろいろなものを放り込んだ後、ちょっと落ち着いた時に「感情と事実を分けること」です。

未処理フォルダーの中にさらにサブフォルダーを２つ作り、一方には「感情（気持ち）」、もう一方には「事実」という名前をつけておきます。

「感情」フォルダーには、「ムカついた」「上司は自分のことをわかってない」「腹が立つ」などの感情を次々に放り込んでおきます。人に話したり、独り言を言って発散したりといった処理によって一通り気持ちが収まったら（なかなか収まらないことも多いですが……）、次に「事実」フォルダーに、相手に言われた「内容」を入れていきます。

この時、相手の言葉に対する自分の気持ちや評価を一緒に入れてしまってはいけません。事実に対する「評価」は自分というフィルターを通っているため、相手が伝えてくれた話の内容を客観的に検討することが難しくなってしまうからです。

またその時点でどちらにも分類できないものはそのままサブフォルダーに入れずに置いておいて大丈夫です。

そして、次のような手順で「学び」を抽出します。

1．言われたことを振り返り、その意味をもう一度考えてみる

2．その際、自分の落ち度については考えない。純粋に言われたことのみを検討する

3．何か自分にとって大事な指摘があれば、それを生かす

感情を切り離して検討した結果、何か役に立つこと、自分では見えていなかったことが見えてくることもあります（もちろん見えないこともありますが……）。時にはこのように手間をかけて、言われたことを次に生かすように努力してみてはいかがでしょうか？

全否定は可能性の芽を摘む

もう一つ「未処理フォルダー」の活用方法を紹介しましょう。

講演会や研修、会食、読書などなんでもそうですが、「自分には関係ないから」「それをやって何の役に立つの？」といった態度で、将来役に立つかもしれないものを捨ててしまうのはとてももったいないことです。

この先何があるか誰にもわかりませんし、何がいつどんな形で役に立つのか予見することはできません。そこで得た知識は今すぐには生かせないこともあるでしょう。しかし2年後に、もしかしたら20年後に自分を助けてくれるかもしれません。

例えば、この本の１１７ページで紹介している「ホワイトスペース」という概念は、私が30年ほど前に勤めていた会社で、取扱説明書を作成する過程の中で教わったことです。その概念は心理学的にもとても役に立つものと後々気付き、今の仕事の中でも応用させていただいています。

そのため、「今の自分」が拙速に判断を下してしまうのは残念です。少し強い言い方になりますが、傲慢だとすら言えるかもしれません。もちろん、何か新しい情報を得ても、現時点ではあまり価値を感じなかったり、気持ちが動かなかったりということも当然あります。そんな時は「未処理フォルダー」に入れておけばいいのです。

収納スペースに限りのある部屋の片付けでは時に断捨離が必要ですが、心の中には相当広いスペース（無意識）があるので、ポンポンそこに投げ込んでおいても大丈夫です。そして**何か必要な時には勝手にそこから蘇ってきます。**

そのため、収納スペースにはどんどんものを入れておけば、それだけご自身のデータベースも大きくなるのです。

判断を早く下してしまうのではなく、貴重な資産としてフォルダーに入れて寝かしておく、そのスペースを心の中に作っておくことで、人としての奥深さ、幅広さを身につけることができます。

MEMO

ミスや失敗を指摘されると、自分が悪いことがわかっていたとしても素直に聞けない、という人は「未処理フォルダー」を使ってみる。

HINT ≫ 16

「違和感」を宝物としてとらえる

より良い仕事をしたいと思う人にとって、**違和感は宝物のような存在**です。

朝起きた時、同僚や取引先と話をしている時、書類やメールに目を通した時、「あれ？ちょっと変だな」とか「いつもと違うな」という感覚を覚えたことはありませんか？

すぐに言語化することはできなくても、ほんのちょっとした揺らぎや変化を感じたら少し注意を向けてみましょう。

各界のトップの方々、例えば優秀なビジネスパーソンや芸術家、トップアスリートなどは必ずと言っていいほど、「ちょっとした違和感」を流しません。アスリートなら、その日の自分のちょっとした体の変化や相手の表情の微妙な違いなどに敏感です。

私の例で言えば、クライアントと会話をしている時にいつもよりテンションが高かったり低かったり、言葉のピッチが速かったり遅かったり。あるいは声がほんの少し大きかったり小さかったり。そうしたわずかな変化の中に何かが潜んでいることは多いのです。これを**「粒をとらえる」**という言い方をします。

別に難しいことをお伝えしているわけではありません。誰かを好きになる場合を考えてみてください。普通の人だなと思っていた相手でも、話しているうちにある瞬間にドキッとしたり、意識し始めたりといったことがあるでしょう。もちろん「怪しいな」「うさんくさいな」「特に理由はないけど、あの人に会うの気が進まないな」といったネガティブな揺らぎもあるはずです。

そうした揺らぎを単なる気のせい、ではなく、**自分の直感が何かをとらえているかもしれない**、と考えるようにしてほしいのです。根拠はなくても構いません。直感が何かの萌芽をキャッチしている、何か大事なものをとらえているかもしれないと考える「姿勢」が大事です。

粒をとらえて観察する

揺らぎは瞬間的なあぶくのようなものです。ふっと浮かんではすぐなくなってしまうので、これをとらえるのはなかなかに難しいことです。それでも、自分との対話をクセづけていく中で、「アレ？　いつもと違わないか自分？　いつもなら思わないことを思っているんじゃないか」と気付けるようになっていくはずです。

もちろん直感が常に正しいということではありません。自分の中にある欲や偏見がそう感じさせているのかもしれませんし、ひいき目に見たり、逆に色眼鏡で見たりしているだけということもあり得ます。

でも、99は無駄かもしれないけど1つだけ何か大事なことが潜んでいるかもしれません。だから直感に対してオープンな気持ちを持っておくのです。

「直感だから」「気のせいだろう」と捨ててしまうのではなく、一度見てみましょう。

そして、その時に必要がない情報であると確認できれば、**「未処理フォルダー」**に入れて、そのまま放置しておきましょう。いつかそれが役に立つ時が来るかもしれませんし、来ないかもしれません。それでもその**違和感を吟味してみるプロセスが自分をさらに上のレベルに押し上げる助けになります。**

MEMO

あぶくのように浮かんでくる違和感を無視せず、注意を向けてみる。

HINT ≫ 17

クリエイティビティは「インスピレーション」と「推敲」の2つのフェーズから生まれる

クリエイティビティを発揮し、創造的な仕事をするためには、何を心がければよいのでしょうか？

ここでは、創造性を発揮するための心理学的なヒントをお伝えします。

創造性を発揮しやすくするためには、心理学的に言って2つのフェーズがあります。1つめは閃き、発想、着想といった**「インスピレーション」**。2つめはその実現可能性を検討する作業である**「推敲《すいこう》」**です。推敲という言葉は聞き慣れない方もいらっしゃるかもしれませんが、文章を作成する際に、よりわかりやすくするために文章を何度も練り直す作業のことを言います。その言葉をここでは借りています。

インスピレーションと推敲のイメージ

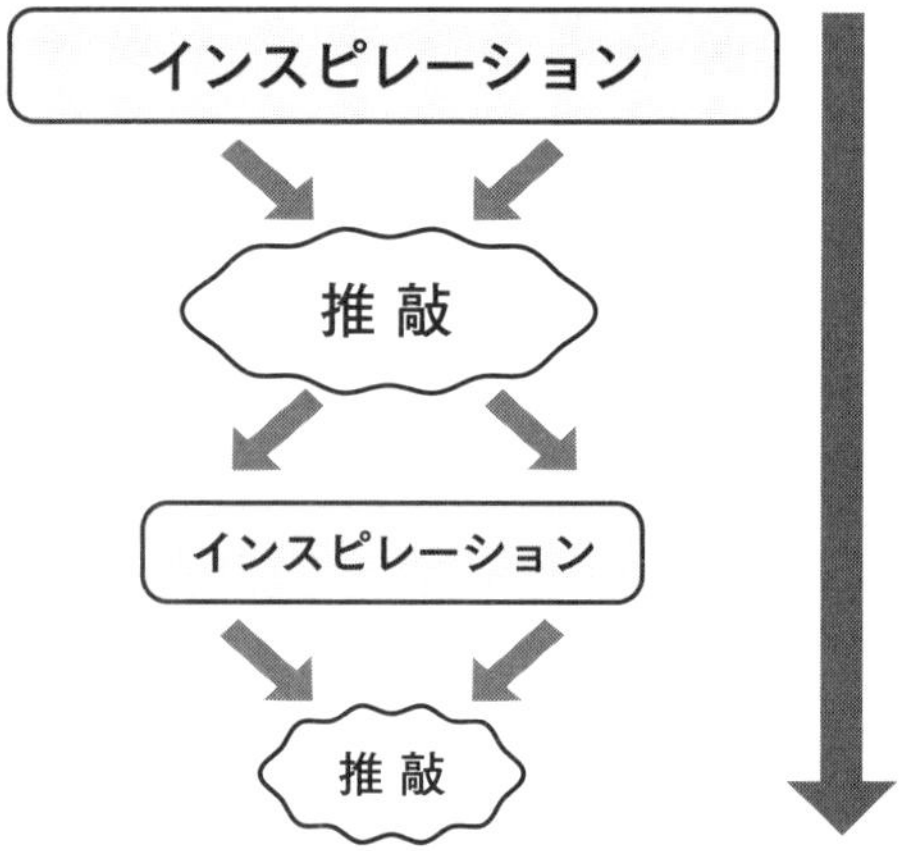

例えば、旅行先を考える時に「沖縄はどうだろう？　でも台風の時期だし」「やっぱりハワイに行きたい。でも予算が厳しいな」というようにアイデアを思いつく（インスピレーション）→それについて実現性を検討（推敲）する、という作業を繰り返していると結局いつもの温泉に落ち着くということになりがちです（もちろん、いつもの温泉もリラックスできて結果としては良い休日を過ごせるかもしれませんが……）。

仕事のアイデアを考える時も同様で、イ

ンスピレーションとワンセットにして、インスピレーションを得たそばからすぐに推敲してしまうと、いつの間にか発想の幅が狭くなってしまうのです。**「実現可能なアイデア」という枷《かせ》がはめられると、現実に存在しているものの延長線上で考えるようになるため、固定観念に縛られやすくなってしまいます。**

創造性についての知見については統合失調症患者の研究からも発展してきたという歴史があります（アリエティ1980）。

それによると一次過程と呼ばれる**「より原始的な心の使い方」**と、二次過程という**「論理的な心の働き方」**とがあり、それらが適切に組み合わさった時に新しいものを生み出す力になるとされています。

一次過程とは自分の快感に従っている状態で、非合理的で無意識的な心の働きを指します。赤ちゃんや子どもはこれが主ですし、夢を見ている時や精神病の方などでも優勢に働きます。ただ、一次過程だけでは発想にまとまりが無かったり、なかなか他人に通じにくかったりすることもあります。

一方で二次過程は論理的思考であり、日常的に良く使われる心の働きです。社会の秩序を乱さないように、合理的に生きるためには必須ですが、何か新しいものを作り出そうとする際には、それがちょっと邪魔をする時があるのです。そのため、創造的なものを作り出すには一次過程と二次過程とを適切に組み合わせる必要があります。

インスピレーションと推敲を分けるというのは、**「意図的に一次過程のみを起動させるフェーズを作り、そこに二次過程が影響を与えないようにする」という試み**だと言ってもいいでしょう。そしてその両者を行き来しながらより良いものを作り上げていく過程（三次過程とも呼ばれる）を経て、新しい創造物が作られていきます。

具体的には「発想する（インスピレーション）」と「その実現可能性を検討すること（推敲）」を行う時間や空間を分けてみましょう。

1．インスピレーション「のみ」の時間・空間を作る

・現実的かどうかは考えない。実現性はいったん置いておいて、今は「アイデア出しだけ」をする時間と決め、なるべく多くの発想を出していく（例：少し時間を空けてから②の推敲に移る、違う日にする、ミーティング場所を変える、など）

2. 1で考えたアイデアが現実的かどうかを検討（推敲）する

実現可能性を検討する。ただ、そのために最初に出したアイデアがこじんまりとしてしまった時にはインスピレーションに戻る。

3. このプロセスを何度も繰り返す

アイデアを口にする時、「これはできるかな、どうかな？」と考えないことです。自分の心から湧き出る自由な発想に身を任せ、あぶくのように浮かんできた発想を何も考えずにまずはそのまま言葉や文字にしてみましょう。先ほど「粒をとらえる」という考え方を紹介しましたが、アイデアの萌芽をとらえる時にも有効です。

もっとも、「なんでも自由に考えよう」と言われても、なかなか難しいことも事実です。カウンセリングなどの心理面接では「ここでは何を話してもいいですよ」と安全空間であることを伝え、「自由連想」を行いながら、そのクライアントの感じている内容をさまざまに言葉にしていただきます。

しかし、人間はどうしても「これを言ったらおかしな人と思われるかな？」「こんな発想をしたら笑われるかな？」などといった心配をしてしまい、自由な発想を口にすることがなかなかできません。つまり「不自由連想」になってしまうのです。いかにその殻を破るのか？　はいつも大きな課題で、我々カウンセラーの腕の見せ所でもあります。

　そういう時、カウンセラーの技術の一つとして「言葉を当てる」というものがあります。「ちょっと自慢したくなる感じですか？」「ひょっとして怒っていますか？」などのように想定される言葉をこちらから提示し、それにＹＥＳ・ＮＯで答えていただくのです。こうしたことを繰り返すことで、ご自身の心で何を感じているのかを徐々に言語化しやすくなります。

発想の裾野を広くとる

　アイデアを出す時にも「何を言っても良い」という場の雰囲気作りが重要な鍵になります。チームで仕事をしている場合には、お互いによいアイデアが生まれやすい環境を作るように努力することが大事です。

　例えば、メンバーの発言に対して周囲は「それは無理だろ」とか「そんなの前からあ

インスピレーションと創造物

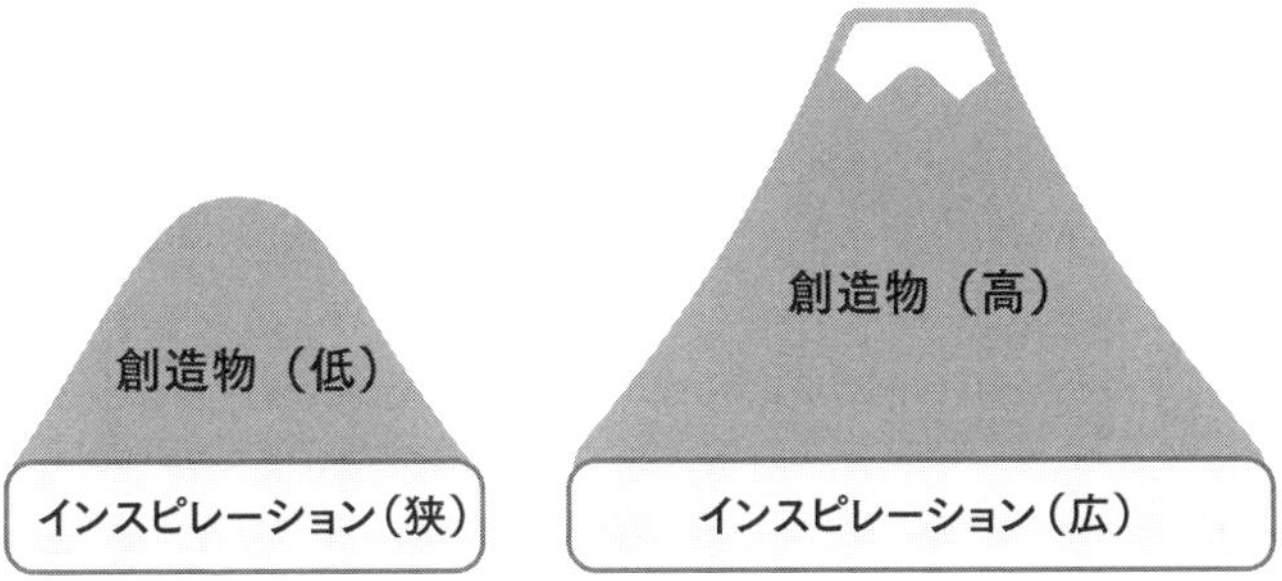

る発想だよ」などのようにすぐに押さえつけるようなことは言わないように約束事を決めます。

周囲がまず否定から入ってしまうと、参加者は次からその空気を読んで「認められやすいアイデア」しか言わなくなり、独創的なアイデアが出なくなってしまいます。

「あえて空気を読まず」になんでも言ってみましょう。その発想の中の99％は既に考えられたものかもしれませんし、実現可能性がまったくないかもしれません。しかし、残り1％の中に何か未来につながるとても素晴らしい発想が潜んでいる可能性もあります。

発想の裾野が大きければその上にそびえる山は高くなりますが、狭い裾野に立つ山はそれなりの高さにしかなりません。インスピレーションの幅を広げ、その上に高い山をそびえさせるような話し合いができると、創造物は大きなものになります。

MEMO

アイデアを出す時間と実現可能性を検討する時間を分け、自由な発想を働かせる。

HINT » 18

「モザイクメイトリックス」で混乱を整理する

「やるべきことが多すぎて、どこから手をつけたらいいかわからない」

「何もかもうまくいっていないような気がして何が悪いのかすらわからない」

といったように頭も心も混乱し、パニックになってしまうことがあります。ここでは**自分が混乱している時に、情報や課題、およびそれに伴う感情を整理する心理学的工夫**について紹介します。


次ページの図を見てください。

モザイクメイトリックス（小谷2010）といい、石やタイルを埋め込み、全体として一

モザイクメイトリックス

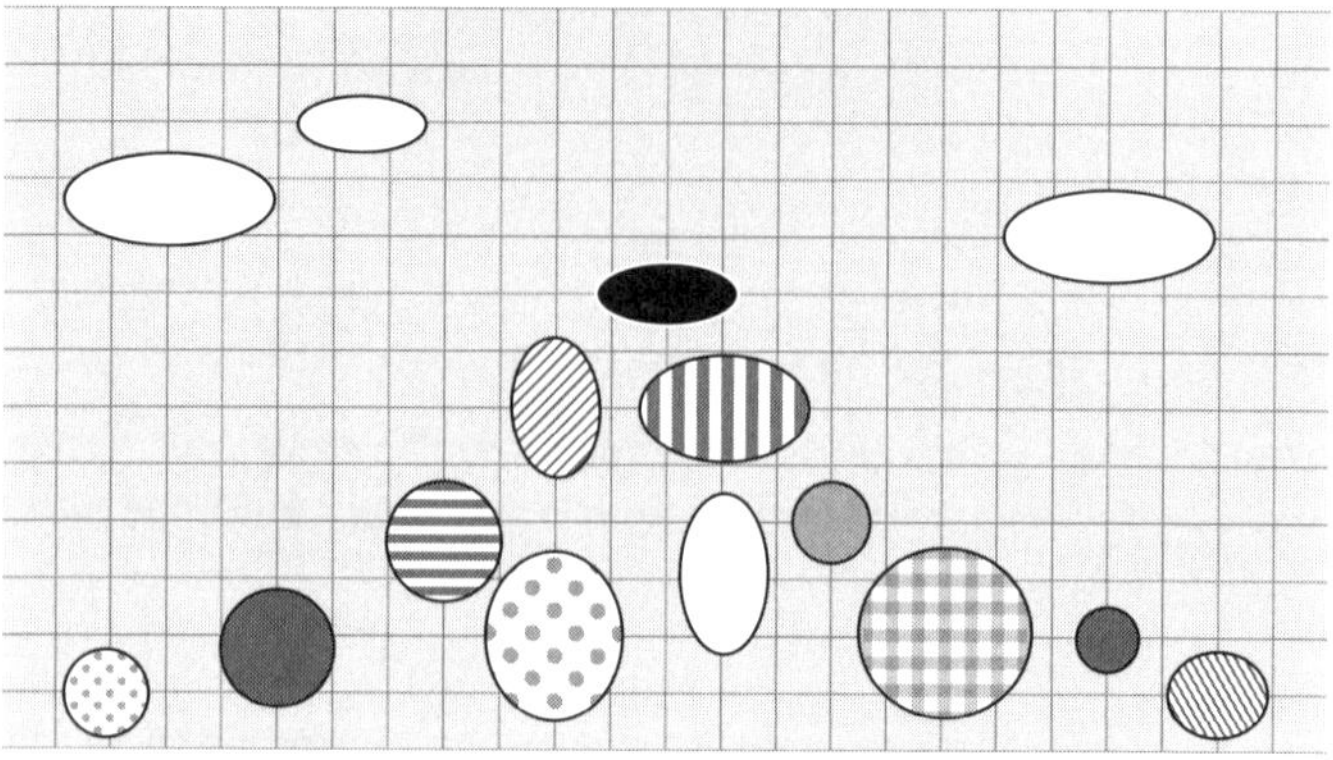

雲間に浮かぶ富士山にも見えそうな、見えなそうな…

つの絵を描くモザイク画がモチーフになっています。ポイントは**モザイクの一つ一つのかけらは色が独立しており、決して混じっていないこと**です。

モザイクメイトリックスはカウンセラーが相手のお話を伺う時にも活用している技法です。

クライアントの話の流れに全部ついていこうとしすぎると途中で理解が追いつかず、自分の頭の中がごちゃごちゃになってしまうこともあります。そのため、一つ一つのお話をある程度のまとまりで括《くく》り、それらをパーツの一つとして置いていくイメージを持って伺っていきます。例えば、

「なんだか気持ちが塞いでしまって、何もかもうまくいきません。仕事も家庭も。大体全然誰も助けてくれないんですよ。この間もこんなことがありました。実は……」といったように次から次へとお話の内容が出てきて、重なり合っていることもあります。それを一つ一つほぐしてその場に並べていくイメージを持つのです。

そうすると、以下のようなことがわかってきました。

・最近同僚が辞めたため、その分の仕事も回ってきていて処理すべき量が多すぎる。
・上司とは最初は良い関係だったが、今はなぜかうまくいっていない。
・家庭もうまくいっていない。
・通勤には片道1時間半もかかる。妻の要望を聞いて郊外で暮らしているが、さすがに往復の時間が負担になっている。
・自分はこんなに大変なのに、妻は郊外の家でゆっくりしているように感じてしまう。

このように、思いつく限りの要素を並べた上で改めてその絵を眺めてみると、

1．足りている情報と足りない情報が区別できた

例：足りない情報＝妻はなぜ郊外の家で暮らしたいと希望したのか。子どもの教育のことを考えたのかもしれない。

2．全然関係なかったと思っていた情報が、実はつながっていた

例：上司とも妻とも関係がよくないため、仕事量が多すぎるという悩みを誰にも相談できず、不満につながっていた。

3．密接に関連していると思っていたことが、実はまったく違う次元のことだった

例：仕事がきつくなったのは通勤時間が長いことで体力的に厳しくなったからであり、仕事量に関しては十分にこなせるレベルだった。

といったさまざまな発見があるはずです。

情報の一つ一つをつながずに、ただそこに括って置いておくこと、それがモザイクメイトリックスですが、その一見バラバラに感じる絵をぼんやりと見てみると、本当に大事なことは何なのか、最初に対処するべきことは何なのかがかえって見えやすくなります。

また、すぐに答えを求めて「これしかない」という「決めつけはしない」のもコツの一つです。

「ちょっと待てよ、何か他にもあるかもしれない」「とりあえず置いておこう」とモザイクのかけらをちりばめておくことで、それらが突如つながって、一つの絵を描くことがあるかもしれません。

「自分の中にあるもの」を可視化する

先ほどの例で言えば「仕事量が多い」「上司と関係が悪い」「妻とは最近不仲」「通勤がつらい」といった時系列も原因もバラバラと思われる要素が複雑に絡み合い、「何もかもうまくいかない」という閉塞感につながっています。モザイクメイトリックスを使うことで、そうした絡み合った気持ちを一度広げ、「何が自分の中にあるのか」を可視化することができます。

MEMO

モザイクメイトリックスを使って今起きていることをバラバラのピースにして置いておく。すると新たな発見が生まれやすくなり、閉塞感を打破するきっかけがつかめる。

HINT » 19

緊張を「抑えようとする」のは逆効果な理由

仕事で大事なプレゼンが控えているとしましょう。いろいろと準備していても、当日は緊張するものです。手汗をかいたり、不安になって何度も資料を見直したり……。時には「準備してきたから大丈夫。いつも通りに話せばいいんだ」などと自分に言い聞かせて、いざ本番を迎えます。

平常心を心がけたり、自分を励ましたりといった対処も効果があれば構わないのですが、根本的な解決にはならないことが多いようです。なぜなら**「実際に緊張している自分」の存在から目をそらしてしまっているから**です。

緊張を感じた時、まずするべきことは、**「緊張を認める」**ことです。

「いつも通り」「平常心」といった言葉も大事ですが、その言葉で「緊張している自分から目を背けているのかどうか」を考えてみてください。いくら誤魔化してみても、実際に緊張はしています。そのことを認めるところから始めてみてください。

その際のコツは、自分をかわいがってみること。「ああ、自分はまた緊張しているなあ。しょうがないなあ（笑）」といった具合に、あるがままの自分を受け入れることです。

緊張している自分を否定してしまうと、「緊張してはいけない。緊張して変なことを言ってはいけない」とさらに自分を追い込んでしまい、結果として余計緊張が深まってしまいます。まずは、あるがままの自分を認めること、そこがスタートラインになります。

「防衛機制」をコントロールする

人間には自分の心を守ろうとする**「防衛機制」**というメカニズムが備わっています。

簡単に言えば、嫌なことから目を逸らすための戦略で、**心理的苦痛から逃れるために、**

あの手この手で心を守ろうとするのです。例えば、「緊張している自分」を気にしないようにするために、「自分は緊張していない。平常心だ」と思い込もうとすることは防衛機制のうち**「打ち消し」**という心の働きです。

防衛機制は適切に使えれば心の機能回復に役立ちますが、注意が必要なのは、それをするにも心のエネルギーが使われるということです。特に葛藤や傷を無意識に心の奥に沈めて見えなくしてしまう**抑圧**は多くのエネルギーを使います。仮に自分の心のエネルギーが10だとして、防衛機制で嫌な気持ちを抑え込むことに4使ってしまうとしましょう。本来なら相手と対戦することに10使いたいところですが、残りは6しかありません。これでは戦う前からエネルギー切れを起こしているようなものです。

まずはその緊張を認めることで、防衛に使う心のエネルギーを本来やるべきことに振り向けることが大事だという話です。

体が発するサインを抑えようとがんばるのではなく、「今この瞬間に自分がとれるベストな行動や選択は何だろう」と考えてみてください。プレゼンの例で言えば、本来の目的はうまく話すことではなく、伝えたいことを伝えることであるはずです。滑らかに話せなくてもいい、たどたどしくてもいいと割り切り、自分の企画であったり、自社の商品やサービスの特徴であったりといった「一番伝えたいこと」にフォーカスしてみましょう。

MEMO

緊張しているという自分の状態を「見て見ぬふり」をして本当の自分を覆い隠すのではなく、認めるところから始めてみる。

HINT » 20

心の「ホワイトスペース」を確保する

やるべきことは多いのに時間に余裕がない時、解決策がどうしても見つからない時、アイデアが浮かんでこない時……。現状に行き詰まると、心の作業場が知らず知らずのうちに狭くなっていることがあります。すると、まるでスマートフォンやパソコンがフリーズしてしまった時のように心がうまく機能しなくなり、余計に突破口が見出せなくなってしまいます。

そんな時、**スペースメイキング（space making）**という手法を使うことで、心の中のスペースをグッと広げることができます。スペースメイキングにはさまざまなアプローチがありますが、手軽に取り組める方法をいくつかご紹介します。

・人の意見を聞いてみる

スペースメイキングをする上で重要なのは視点を変えることです。友人でも同僚でも家族でもいいので、他者の立場からの意見を聞いてみると、霧がパァーッと晴れることがあります。

・作業を中断して散歩に行く

デスクの前でうんうんとうなっているだけではどうしようもないという時はパソコンを閉じて少し外の空気を吸ってみるのも良いでしょう。ちょっと違う風景を見てみることで、別の角度から目の前の課題に向き合うことができるかもしれません。

・ルーティンを変える

いつも行かないお店にランチに行ったり、通勤ルートを変えてみたりといった工夫をすることで**「自分を揺さぶって」**みましょう。固定的な考えから距離を取ることができます。

・別の業界の人と話す

例えば野球選手が野球界の人だけではなく、陶芸家や画家に話を聞いてみるといったように、異業種の人と話してみるのも手です。学生時代の友人などに久しぶりに連絡をとってみてはいかがでしょうか。

・空想力を使う

「今、ここ」に集中することは心のエネルギーを使い切る上でとても大事なことです。一方でその「今」がいっぱいいっぱいになってしまっている時、空想の力を借りるのも一つの方法です。自分の夢や願望などを空想してみましょう。ワクワクしてきてまたエネルギーが戻ってきたり、新しい発想が生まれたりするかもしれません。また、元々どうしてそのことを始めたのか、など初心に返るのも良いでしょう。原点に戻ることで、その時どうすべきかが見えてくるかもしれません。

・ゼロベースで考える

今あるアイデアやこれまでのやり方を一度すべて捨ててみましょう。既存のアイデアに心のメモリを占拠されてしまい、新しい発想が出なくなっている可能性もあります。

・書き出してみる

頭の中だけで考えるのではなく、ノートに問題点や今後の課題、現在の感情などを書き起こしてみましょう。心の中を文字にして書き出すことで自分のことを客観視できるという効果もあります。

また試合中など、誰も助けがいない、時間がない、などの極限状況の時は以下の方法を試してみてください。

・無理やりスペースを空ける

「大声を出す」「独り言を言う」などによって今溜まっているものを外に出すか、それもできない時には強引にでも頭の中にスペースを空けてください。

・何か使えるものがあるかどうか探しまくる

葛藤外の自我領域といって人間の心の中にはどんな極限状況でも葛藤をしていない心の領域が残っているという理論もあります。大きな災害や事故、事件から生き残った方々が「最後まであきらめずに何か方法があるのでは？　と考えました」というような談話を残される時がありますが、このことを言っているのかもしれません。最初からそのスペースがないと思うのではなく無理やりにでも「ある」と考え、何か使えるものがないかどうか、頭をフル回転させて探しまくってみてください。

余白から生まれるものがある

このように、スペースメイキングを行うと心に余白が生まれます。私はこれを**心のホワイトスペース**と呼んでいます。ホワイトスペースというのは取扱説明書や書籍などの出版物で意図的に設けられている余白のこと。余白がなく、ぎちぎちに入れたものは読みづらくなってしまい、本来伝えたいメッセージが伝わらなくなることもあります。つまり、文書としての機能が損なわれてしまうのです。**心も同じで、ある程度の余白や遊**

びの部分を持たせてあげると、パフォーマンスをより発揮しやすくなります。

最近は「タイパ（タイムパフォーマンス）」といってどんどん詰め込んで時間効率を重視するような風潮もありますが、スペースメイキングは逆の発想です。あえて無駄を作って余白をもたせ、心が自由に活動できるスペースを作ってみましょう。すると、今までとはまったく違った発想が自分の心の中から湧き上がってくるかもしれません。

MEMO

自分を揺さぶることで、心の余白ができ、メンタルのパフォーマンスが上がることがある。

HINT » 21

情報の入力過多はやめる

現代は不特定多数の人の「目」から自由でいられにくい世の中になっています。

芸能人やプロスポーツ選手などは特にその傾向が強く、ＳＮＳなどでの誹謗中傷まがいのコメントに悩まされている方も少なくないようです。

アマチュアスポーツの選手でも、自分のプレー中の写真が許可なくＳＮＳにアップされていたり、好き勝手に論評されたりといったこともあると聞いたことがあります。一般の方でもＳＮＳを通じてまったくの他人からコメントをもらうことは珍しくないでしょうし、仕事の面でも自社の商品がＥＣサイトのレビューで酷評されたり、飲食店で働いている方であれば口コミサイトの書き込みなどにさらされたりする、といったことが起きえます。

もちろん、多くの意見をいただくことで自分を客観的に見ることができるという面もあります。生かせるものがあればありがたい意見としてとらえ、いらないものは捨てるという感じで取捨選択をすることができればいいのですが、なかなかそれは難しいという人が多いでしょう。インターネットの登場前は現在のように個人が何千何万の人からリアクションを受けることはほとんど考えられませんでした。このような状況は人類史上初であり、そのストレスに耐えられるように人間のメンタルはできていないのではないかと危惧しています。

私の経験からみて、アスリートが不特定多数の人の意見を気にし始めていいことはほぼないと言えます。

むしろそれで調子を落としてしまう人がほとんどです。ネガティブな意見に対して「なんなんだムカつく！」と面と向かって言えればまだすっきりするのですが、インターネット上の意見には基本的に「直接言い返す」ことができず、その対象もはっきりしません。また同じ土俵に立ってコメントで反論すると、それがまた炎上する、ということもしょっちゅうです。

そのため**怒りやイライラ、ムカつきといった感情が心の中に滞留してしまい、心の中の空間が狭くなってしまう、ということが起きる**のです。そして結果として仕事のパフォーマンスも落ちてしまうということになりがちです。

ＳＮＳは「やらない」も選択肢

もっと身近な人からのフィードバックなら、**たとえ感情的には一瞬ムカついたとしても、本質的に大事だと思うことをそこから抽出し、がんばる**というやり方があります。先ほど紹介した未処理フォルダーに入れておくという方法です。ただ、やはりＳＮＳに代表される「不特定多数」からのネガティブなフィードバックについては「見ない」、そしてそもそもＳＮＳを「やらない」というのも一つのやり方だと思います。

もちろん、ＳＮＳを利用することでリアルでは知り合う機会のない人と交流を持てることもありますし、「みんなで日本代表の試合を応援する」といったように書き込みを通して多くの人と感情を分かち合えるといったメリットがあります。
もしSNSを利用するのなら、外からのフィードバック（外的フィードバック）の「入力過多」にならないように、ということを心がけていただければと思います。

MEMO

SNSの利用はフィードバックの入力過多になりやすく、感情の処理も難しいので「用法用量」に注意する。

第4章

「縦」に入る

HINT » 22

「本当にやりたいこと」を見分ける方法

自分でやろうと思ったことが続かない、という人がいます。

ケース1　今年こそ英語をマスターしようと思い、朝活を始めたが、2週間持たなかった。

ケース2　自分も何か趣味を持ったほうがいいと思い、サークルに入ったが、人間関係がうまくいかずにすぐに行かなくなってしまった。

ケース3　将来の仕事にするつもりで、ある資格を取るために大学院に進学したが、わからないことが多くてつまずき、勉強自体をやめてしまった。

皆さんも多かれ少なかれ似たような経験をしているのではないでしょうか。続かない自分に罪悪感を覚える、という人もいるでしょう。何かうまくいかないことがあった時にすぐにあきらめてしまうという場合、もっとも大事なことは**「それが本当にやりたいことなのかどうか突き詰めて考える」**ということです。極言すれば自分と向き合い、自問自答した結果、**それほどやりたくないことであれば、「別にやらなくてもいい」**のです。ケース1で言えば、英語が話せなくても仕事や生活の上で特に問題はなく、英語を話したいという気持ち自体が一過性のものだった、ということは十分あり得るでしょう。ケース2の人は「別に趣味がなくても問題ない」タイプなのかもしれません。

「続かない理由」を考察する

精神分析の理論では、人間の心には大きく分けて「自我・超自我・イド」という層構造が仮定されています。

「自我」は、自分の心を動かす司令官的な部分を指し、自分がどうやって生きていくのかを判断し遂行します。また、その結果を振り返り、次に何をするべきかを考える機能

自我・超自我・イド

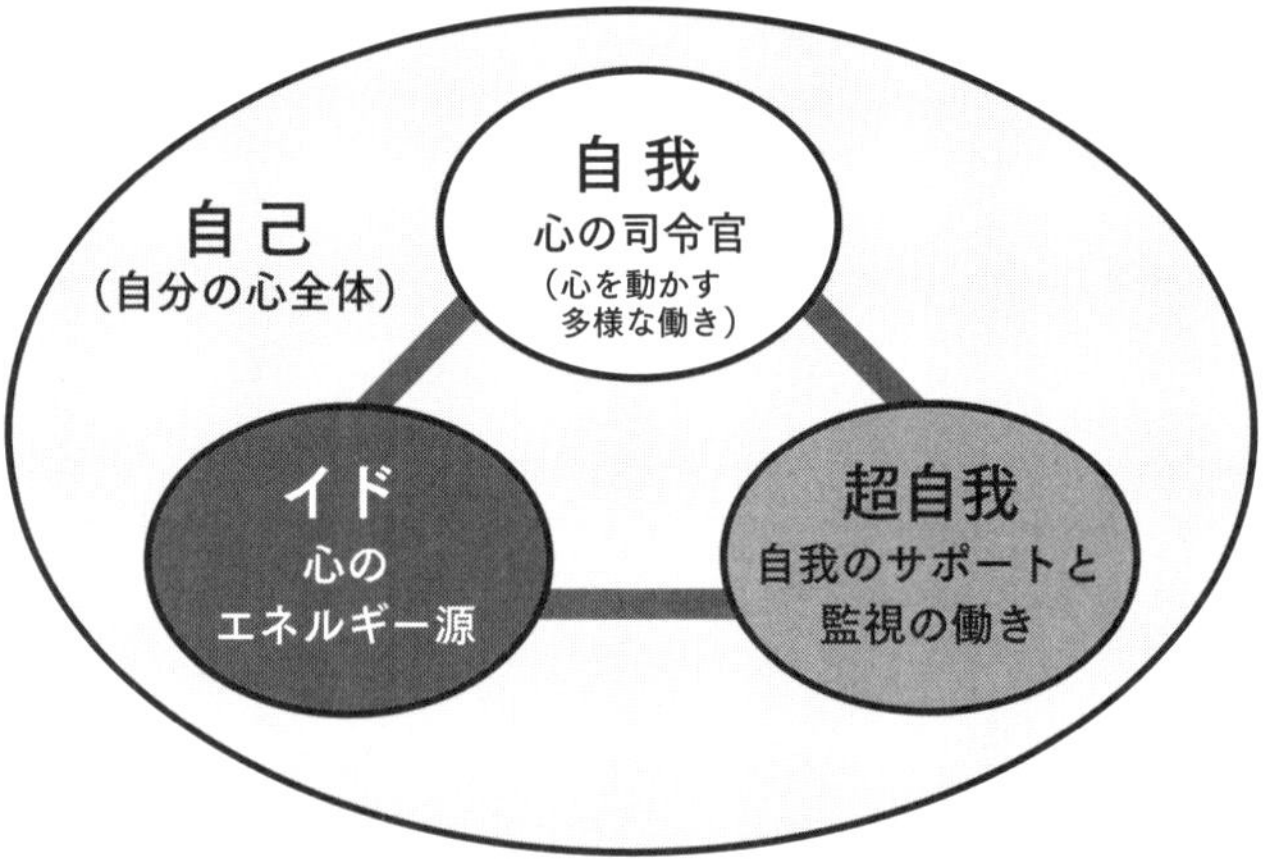

もあります。

「イド」は本能の部分を指します。「攻撃性」と「リビドー（性愛性エネルギー）」からなり、何かを成し遂げようという心の原動力、エネルギー源となります。

「超自我」は自我の決定をサポートする働きがあります。それが社会的ルールに適合するかといった視点からも自我を支え、時には罰することもあります。

注意が必要なのは、「超自我」主体で「やりたいこと」「取り組むこと」を決めている場合です。

例えば「人がこれをやったほうがいいと言ったから」「将来の就職に役立つから」

といった理由で自分のやりたいことを選んだ場合、超自我が決めている可能性が高いと思われます。その場合、心のエネルギー源であるイドからの欲求ではないので、継続する力が足りなくなってしまい、つまらないきっかけでそれを辞めてしまうこともあるのです。

例えば「親や学校の先生から医者になったほうがいいと言われた」から医学部に進学したという人が勉強に挫折してしまうといったケースが考えられます。

逆に「どうしても患者を救いたい」というイドのエネルギーが根底にあって医師を目指している人であれば、国家試験のためのつらい勉強にも耐えられる可能性が高くなります。

まず確認するべきなのは、続かなくて悩んでいることは、自分が本当にやりたいことなのかどうなのか。つまり、**人からの期待に応えるためのリアクションとしてではなく、自分の本能が求めていることなのかどうか**を考えてみてください。もし、本当にやりたいことではないということがわかったら、やめる選択肢もありです。もちろん現実的にはすぐにやめられないこともあるでしょうが、本当に好きなことでないと、続けるのはなかなか難しいと思います。

MEMO

まずはそれが本当にやりたいことなのかどうか考える。「続けられなくて悩んでいる」というレベルならさほど問題ではないこともある。

HINT » 23

「ついばみ順位」から自由になる

Q. 自分と同僚に対する、上司からの評価の違いが異常に気になります。

A. 厳しい言い方になりますが、そればかりを気にしていたら、自分を高めたり、より良い仕事を追求したりすることはできません。何のための仕事なのか、再度考え直してみてください。

ついばみ順位（pecking order）という心理用語があります。ツバメのひなが母鳥から餌をもらおうと我先にと大きな口を開けて首を伸ばすという情景を思い出してみてください。人間も同じで、少しでも多くの利益を得ようと集団の中で競い合ったり、上司

（母鳥）を自分のほうに振り向かせるように努力したり、ということが起きます。

ただ、集団内での順位を上げたいという欲求は自然なもので、所属するコミュニティの中での評価を得たいという気持ち自体を否定する必要はありません。

しかし、ついばみ順位ばかりを追求することは、仕事をする上では大きなマイナスになりえます。

一つは上司や周囲の評価という「横」に意識が行きがちになることが挙げられます。**仕事の本質から離れ、「これをやれば自分の評価につながるだろうか？」という発想で仕事をしてもいい成果を出すことは難しい**と言えます。例えば、会社などでみられる「他人の成果をまるで自分の手柄のようにアピールする」といった行為は、横に意識が行き過ぎている状態と言ってもいいでしょう。

本書では縦と横という表現が何度か出てきますが、これは、

- **自分の心の中に入っていく、自分の心を深掘りする、などのことを「縦」**
- **対人関係など、他人に気を配る、気にする、など自分以外を意識することを「横」**

としています。対人関係には「上下関係」という言葉もあるので、こちらも「縦」のように思われるかもしれませんが、あくまでも自分以外の他人を意識することを、「横」とご理解いただければと思います。

評価も「結果として」ついてくる

もう一つは自分の力ではなく、何か別の力によって「引っ張ってもらおう」という受け身の発想になることです。「監督にアピールして試合に出してもらおう」「上司に気に入られて昇進しよう」ということにエネルギーを割いてしまうと、本来やるべきことである自分の実力を上げることがおろそかになりかねません。使ってもらうという受け身の態勢から「あいつは使わざるを得ないなー」と思ってもらえるような自分主体の態勢に気持ちをシフトすることが大事です。

評価も結果と同じで「結果として」ついてくるもの。評価が気になって仕方がないという状況になったら、**自分は今、ついばみ順位にとらわれているのではないか、と検証してみることが大事です。**現状を正しく認識すれば、本質的に大事な道へと軌道修正することができます。
どこを見て仕事をしているのか？　それを再検討してみましょう。

MEMO

ついばみ順位にとらわれると、仕事の本質から離れる、受け身の姿勢になってしまうといった弊害がある。

HINT » 24

「自己愛」を大事にする――パーソナリティ・スタイル

個々人のパーソナリティ（性格）を説明するのにパーソナリティ・スタイル理論（小谷1993）というものがあります。この理論では、誰しもが異なる8つのスタイルを持っていると規定します（次ページの表参照）。それが時々に応じて強くなったり弱くなったりして、その時、その瞬間におけるその人の性格を特徴づけるという理論です。人間を8つの類型に分けているわけではなく、すべての人が別表にあるような8つのスタイル全部を持っており、その現れ方がその人個人の特性になっていると考える点に注意してください。

パーソナリティ・スタイルとその特徴

	スタイル	認知的特徴	情緒的特徴	対人行動的特徴
1	シゾイド	・外の世界は自分とは無関係	・非情緒的 ・無感動 ・無関心	・受身、観察者的 ・意味ある方法で他人とコミュニケーションを持ったり、他人を理解することに対して興味と能力を欠く ・友人を欠き、距離を持った接し方に特徴
2	回避	・世界は自分を拒否する ・自分は魅力がない ・他人から受け入れられることこそ大事であり、拒否されることは恐ろしいことだと思っている	・心配、不安、恐れ ・怯え、はにかみ ・不安定	・友人を欠き、一時的付き合いで引っ込んでしまう ・回避行動に特徴
3	依存	・自分は他人よりも劣っている ・外には権威のある頼りになるものがあり、自分はそれに頼るしかない	・気取りがない ・甘え、権威者に対する愛着	・協調的、服従的 ・依存的、受動的 ・他人を喜ばせる
4	演技	・人生は、常に刺激がないと退屈になる ・刺激的世界は自分のためにある	・わざとらしく、過度に情緒的 ・熱しやすく冷めやすい	・自己顕示的で注目を浴びたり、一時的だが極端に熱中した対人関係を持つ ・演技的で反応性は高い

	スタイル	認知的特徴	情緒的特徴	対人行動的特徴
5	自己愛	・自分は周囲よりも有能で、才能があり、価値がある ・周囲は自分に奉仕するもの	・尊大、変化激しい ・自負心が強い ・大風呂敷	・自信強く、支配的 ・社交的、華やか、独立的 ・横柄、出しゃばり、搾取的 ・思いやりなく遠慮なくものを言う
6	反社会	・人生は競争、先んじるが勝ち ・温かさ、やさしさ、哀れみは役に立たず、弱さの印	・厳しく、冷淡、攻撃的 ・自信満々	・独立独行 ・他人に対して猜疑的 ・物質的利益が対人関係の機軸
7	強迫	・間違いを犯すことは恐ろしいこと ・自分をコントロールし、完全を期さなければならない	・抑制、抑圧的 ・堅苦しい	・几帳面、勤勉で形式的 ・完全主義的、礼儀正しい ・目上には服従 ・目下には尊大
8	受動―攻撃	・他人から支持され、注目されなければ生きていけないので他人は重要だが、他人は自分より価値があり優れていると思えず、頼ることはできないし、頼らせてもらえない	・気分の変動が激しく、それに伴って情緒的にも動揺する ・気まぐれ、つかみどころがない、環境に敏感に反応する	・協調的だが怒りっぽく、相手を自分に近づけておいて拒否する ・友好的で愛想がいいが、場面が変わるとたんに怒りっぽく、攻撃的になり敵意を表す

（Choca,1976;小谷,1993を元に改変）

その中からより良い仕事をする上で重要と思われる2つを取りだし、活用方法を考えていきましょう。一つ目は演技スタイル、もう一つは自己愛スタイルと言います。それぞれの特徴は次のようなものです。

〈演技スタイル〉

- 人前に出ることが好き
- アドリブに強い
- 一貫性がない
- 人からの注目があるとがんばれるが、そうではない時は今一つ力が入らない
- 相手の心の動きに敏感

〈自己愛スタイル〉

- 自尊心が高く、自分のことが好き
- 堂々としている
- (自分本位の)一貫性がある

・人が見ていても見ていなくても自分のためにがんばれる
・時に人を無視し、搾取的になる

2つのパーソナリティ・スタイルの現れ方には一見似ているところがあります。両方とも人前に出て堂々と振る舞うことができ、華やかな雰囲気を漂わせています。人前で何かをする時には両方とも重要なスタイルになりますが、その背景が少し違います。

演技スタイルは「ギャラリーがあっての自分」であり、自己愛スタイルは「人が見てようと見ていまいと関係なく自分を貫く」のです。最近よく言われる「承認欲求」が強めの人や、お客様のリアクションによってどんどんアドリブをぶち込んで、観客席を笑いの渦に巻き込むお笑い芸人さんも演技スタイルが強めと言ってもいいかもしれません。

一方で、自己愛スタイルの方は自分が大好きで自分が一番なので、一番良い自分になるために「人が見てようと見ていまいと」自分を磨く努力ができます。つまり、人目にあまり左右されないという特徴があります。

最初に述べた通り、Aさんは演技スタイル、Bさんは自己愛スタイルといったようにどちらか一方に固定的に分けられるものではなく、すべての人が両方のスタイルを持っており、あくまで傾向としてどちらが強いか、という風に考えてみてください。自分自身や家族や友人などの顔を思い浮かべてみると、どちらのタイプに寄っているかがなんとなく見えてくるのではないでしょうか。

演技スタイルが強い人は「人を喜ばせることが好き」であることが多いので、人から注目を浴びる大舞台に強かったり、いざという時に物怖じせず自己表現できたりする、といった長所があります。一方で、人目がないとサボってしまうとか、必要以上に露悪的（「自分を見て見て！」と必要以上に自分をアピールするなど）になってしまうこともあります。

もちろんどちらが優れているというわけではありません。ただ、本質的に自分の能力を上げていく、という意味では自己愛スタイルがより重要になってきます。演技スタイル中心の人はキラリと光る瞬間があったとしても、人からの関心が弱まると自分のパフォーマンスが一定せず、一貫性が弱い傾向があります。トップの世界では、**注目を浴びるためにアピールを繰り返すのではなく、本質的に自分の能力を上げていけるかどうかで勝負が決まります。**

「自己愛を上手に運用できる人物」とは？

自己愛を運用していく上で、一つ注意していただきたいことがあります。それは自己愛スタイルには自分の利益を優先し、他を圧倒して時には搾取に走るという嫌われ者になりかねない側面があるということです。自己愛には発達段階があり、時に搾取的にもなる**原始的な自己愛**と、より洗練され、他者を圧倒・搾取しない**発達した自己愛**とが規定されています。

より良い仕事をする上では、後者を使っていくことが有効です。発達した自己愛を持つ人は、誰も見ていなくても自分で自分を支えてがんばり続けることができ、どんな状況になっても一人で踏ん張れる力があるからです。

この発達した自己愛を上手に運用している人物として真っ先に思い浮かぶのが大谷翔平選手です。純粋で野球が大好きな野球少年がそのまま大人になり、良い意味で周囲の期待やプレッシャーというものにほとんど影響を受けていないように見えます。人から注目されていないからふてくされるとか、チームとして結果が出ていないからやる気が出ないといったことは彼に限っては考えにくいでしょう。パーソナリティは生まれ育ちや環境など多くの要因から形成されるものなので、もちろん誰もが大谷選手と同じにはなりませんが、一つの理想形であるとは言えるかもしれません。

自分の中の自己愛に注目してそれを刺激する。そしてそれをうまく運用して本質的に大事なことに努力を傾ける。その結果として人が注目してくれる、というサイクルが作れれば理想的です。人からの注目を集めるためにがんばる、というサイクルも大事ではありますが、その逆のプロセスも一度考えてみてください。それが超一流への道につながっていきます。

MEMO

自分の中にある自己愛の芽にも目を向けて、それを大事にする。そして人目があろうとなかろうと、自分の能力を本質的に上げていくことを考える。

HINT » 25

「やりたいこと」か「得意なこと」か

やりたいことをやるべきか、(やりたいことではないが)得意なことをやるべきかという質問をよく受けます。

アスリートでも、自分が本来やりたいプレースタイルとチームや監督から求められるそれが違う、ということはよくあります。皆さんの職業選択においても同じようなことがあるでしょう。今の仕事を辞めて挑戦したいことがある人もいるでしょうし、社内でやりたいことがあるけれど、希望の部署には行けていないという人もいるかもしれません。

人生1回きりなのだから、やりたいことをやるべきだ、という結論を出すことができればベストかもしれませんが、現実的にそれが難しいことも多々あります。生活もあれば家庭の事情もあるでしょう。ただ一つ大事なことは**「常に自分に問いかけていく」**ということだと思います。

「今やっていることは本当に自分がやりたいことだろうか？」
「もっとほかにやりたいことがあるんだろうか？」

もし本当にやりたいことと今やっていることが違うとしても、自問自答した上で、納得して今の仕事に取り組んでいるのであれば、大きな問題にはなりません。

要するに、**常にやりたいことをやったほうがいいとは断言できないが、やりたいことが何かはわかっているべき**、ということです。わかった上で、生活の安定のためにこっちをやろう、夢はこれだけど現実的にはこれだ、という選択をすることが精神的な安定も生み出します。

「ライフワーク」と「ライスワーク」

ライフワークと**ライスワーク**という言い方をすることがあります。すなわち、自分のやりたいことをやるのが「ライフワーク」であり、日々食べていくために仕事をするのが「ライスワーク」というわけです。

必ずしもライスワークよりライフワークをするべきということではなく、自分の主体的な選択として「今はライフワークを一時保留にして、このライスワークを選択しているんだ」ということを自分で理解していれば心の平穏は保てます。

野球選手の場合、高校時代はチームの主力として4番を打っていたけれど、プロ入りしてからはつなぎ役や代走、守備固めを求められる、といったケースができます。本当はクリーンアップでホームランを打ちたい（ライフワーク）けど、プロ野球選手として生き残っていくためにはバントをしなければいけない（ライスワーク）。そう納得しているのであればそれでよいのです。

本当に「腑に落ちて」やっているのか。腑に落ちないならそれを指導者や上司と話し合えるのか。理想と現実がもし違ったとしてもそのことをわかっているかどうかで大きな差が出てきます。

ビジネスマンであれば、希望の配属先でなかったとしても、「約40年間の会社員生活のどこかでチャンスをつかもう」と考えれば、今の仕事で将来に役立つことは何なのかという視点に立つことができます。将来の夢のためにこれを勉強しておこう、人脈を広げておこうということもできます。言われるがままなんとなく悶々として文句を言いながらやるというのは健康的でも生産的でもなくなってしまいます。それはもったいない時間の過ごし方なのではないでしょうか。

本心をとらえていないと、「なんとなくモヤモヤする」「どうもスッキリしない」「イライラする」などのように心がなんらかのサインを送ってきます。

このように自分の表面と奥とが一致していない状態が続くと、そのギャップを埋めようと心が暴走し、突然怒りが爆発したり、逆にプツンと切れた感じになって鬱っぽくなったりすることにもなりかねません。

自分を振り返る、自分と向き合うことが大事なのは、こういった状況を避けるためです。**自分にいつまでも嘘をつき通すことは無理があります。**もちろん無意識的に自分の本心に気付かないようにしてしまうこともありますが、そうやって抑えてきたものは決してなくならず、そのまま心の中に滞留しています。それがいつしか表に出てきた時、前述のようにキレるということが起きます。これを**「抑圧物の回帰」**と言います。

こうしたことを防ぐためにも、自分はちゃんと自分の本心をとらえているか、自分と向き合う時間を確保することが重要です。やりたいことをやるべきかどうか、という最初の問いかけに対する答えとしては、「やりたいことをやるのがベストだが、そうではない場合も自分の本心を理解し、納得してやるべき」ということになるでしょう。

MEMO

自分に嘘をつき通すことはさまざまな弊害を生む。

HINT » 26

「3つの評価」を見極める

自分の仕事を評価する時、大きく分けると

- **数字**
- **他者評価**
- **自己評価**

の3つの物差しがあります。

重視するべきなのは①数字②他者評価③自己評価——のうちどれなのでしょうか。

まず他者評価は参考として自分の成長に役立てることができます（26ページ、フィードバック参照）。ただ、相手の主観での評価も多いため、評価軸が一定せずに揺らぐことも多い点に留意してください。

主観的な評価では、当然のことながら人によって評価する軸が違うので、こちらが良いと思っても他の人はダメだということもあります。

例えば、グルメサイトで4.5点の高得点のお店に行った時、自分は塩味が効いていておいしいと思っても友人は塩辛くておいしくないと言うかもしれません。

評判の良い映画を見に行ったとしても、１００人中１００人が面白いと思うかと言えば、おそらくそうではないでしょう。万人に認められる味や作品というものがないように、全員を納得させることは無理なのです。そのため、他者評価に一喜一憂し過ぎるのはあまり意味がないどころか、むしろ他人の評価を取りに行くために自分の軸がぶれてしまい、潰れてしまうこともあり得るのです。

次に数値の評価について考えてみましょう。数字の良いところは客観性が担保されていることです。特にスポーツは数字が明確に提示されることが多く、１００メートルを

10秒で走った、5回打席に入って4回ヒットを打った（5打数4安打）という客観的事実は動かすことができません。

ビジネスマンの方でも自分の売上が○円とか、受注した案件が○件という数字の評価から完全に自由になることは難しいでしょう。ただ、数字にとらわれすぎることにも問題が潜んでいます。

例えば、4打席連続でヒットを打っていたけれど、5打席目はセカンドゴロだったとします。周囲は「お前8割も打ってすごいな」と評価してくれるでしょう。でも、打者の主観的には「最後の打席は最後の一瞬で差し込まれて打てなかった」という反省点があるかもしれません。これは本人以外の誰にもわからない部分です。「4安打だったからよかった」というだけではなく、**本人の主観によって浮かび上がった課題を見ていくことで、もっと突き詰められる、もっと向上できる部分が出てくる可能性があります。**

逆に4打数ノーヒットでも最後の打席の二ゴロだけはそれまでよりボールをとらえており、結果こそ出ていないけれどよくなる兆しが見えた、ということもあるでしょう。これを「無安打だから今日もダメだった」というように数字のみの評価で片づけてしまうのは非常にもったいないことだと言えます。

「自分の主観」にこそ成長のチャンスが潜んでいる

営業職の人が「今度こそ」と意気込んで商談に行って注文を取れなかったとしても、内容は今までとは違うということは十分あり得ます。こちらの提案内容や営業力は向上していたけれども、向こうの都合でダメだった、逆にこちらの提案は代わり映えしなくても、先方の都合でたまたま契約が取れる、ということもあるでしょう。そうした時に結果だけに注目するのではなく、自分の主観というフィードバックを大事にすることが成長のチャンスを見逃さないコツなのです。

どうしても他人の評価が気になるという人は、

- **他人の主観は過剰に意識しない**
- **自分の主観は無視しない**

ということを肝に銘じてみてください。外からの主観的評価に惑わされず、自己評価を中心とした内的フィードバックサイクルを作りましょう。

MEMO

外部の評価は参考程度とし、自分の評価を中心とした「内的フィードバック」のサイクルを作る。

HINT » 27

他人の「ネガティブな反応」は「縦軸」で乗り越える

仕事で自分の意見を言ったり、企画やアイデアを提案したりするのが怖い、という心理があります。

職場や学校といったコミュニティの中で「自分を出すこと」に恐怖を覚える原因の一つに、**去勢不安**と呼ばれる心理が挙げられます。去勢不安の源泉は、覇気が育つ幼児期にあります。その時期に一生懸命がんばった自己主張が失敗に終わったり、人から否定されたりすることが続くと、その後また自己主張する時に不安を覚えます。この不安のことを去勢不安と呼んでいるのです。

そうした不安は成長に伴って徐々に減っていくことも多いですが、完全に解消するものでもなく、誰でも多かれ少なかれ抱えたまま人生を過ごしています。そして人前で自分を出す必要がある状況になると、またむくむくと頭をもたげてきます。自分が目立つような行動をすると、「周りから叩かれるのではないか？」という不安を覚えたり、自分自身を隠してしまったりする心の動きとして現れるのです（これを**同一性不安**や**青年期不安**という言葉で呼びますが、ここではその元になる去勢不安について説明します）。

　このケースで言えば、

「こんな低レベルの提案や質問をしたら上司や同僚から厳しいコメントをもらうのではないか」

「自分の実力は大したことないと思われるのではないか」

　という恐れから自己主張ができなくなってしまうという状況が考えられます。

　同様のことはアスリートの方にも頻繁に起きます。例えば、プロ野球選手は小学校から高校、大学などではチームや地域のトッププレーヤーであることがほとんどです。ところが、「野球では自分が一番」というのが当たり前だった選手も、プロに入るとこれまでとは比較にならない高いレベルの競争に圧倒されることになります。すると、

「自分は実はいい選手ではないのかもしれない」

「トップではない自分は周囲から認められないのではないか」
といった焦りや恐れが強くなりすぎ、**本来持っていたはずの実力すら発揮できなくなってしまうこともある**のです。

ビジネスパーソンでも、新卒で会社に入社したり、部署異動や転職などで環境が変わったりすると、「周りからどう見られているんだろう」という意識が強くなり、できていたことすらできなくなってしまう可能性が高くなります。また優秀な後輩が入社してくるなどして、今までの自分の立場が危うくなるのではという不安が高まる時もあります。

「去勢不安」に対応するには？

去勢不安を感じた時、人はさまざまに理由をつけて自分の実力の無さを受け入れまいと抵抗することがあります。現状から目を背けるために過去の栄光に浸ったり、逆に「仕事なんてやる気ないよ」という態度をとったりしてしまうのです。こうした姿勢になってしまうと、現状を変えていくことは容易ではありません。

ではどうすればよいのか？　去勢不安は多かれ少なかれ誰にでも起こります。その時、最初はハッタリでもいいので、腹をくくりましょう。自信は無くても構いません。「窮鼠猫を噛む」「火事場の馬鹿力」「へこたれない」など、どんな言葉でも良いので、自分が「これから壁を乗り越えるんだ！」という意識を強く持つ助けになる言葉を選び、自分の覇気を感じてみましょう。そして以下の手順で考えてみてください。

1. 自分の弱みも含めて現状を正しく認識する

例

・自分は現在の環境での経験、実力が不足している
・同僚と比べて不慣れなことも多い
・今までのやり方や現在のスキルでは対処できないことがある

2. 現状もっとも自分に足りない点は何かを検討する

例

・トライ&エラーの経験
・現部署の業務に関する知識

3. 今後取り組むべきことをリストアップし、実行する

例

・現在の業務に関する書籍を10冊読む
・同僚や上司にスキルアップの方法についてヒアリングする
・1か月後までに新規の企画を1本立てる　など

そもそも、去勢不安が強い状態というのは、**「自分に何ができるのか」という「縦の軸」ではなく、上司やコーチ、同僚と言った周囲からどう見られているか、という「横の軸」に過剰に意識がいってしまっている状態**だとも言えます。それを自分が目の前の状況に対して何をするか、という縦軸に戻してあげる作業が必要になってきます。

今の自分は「何ができていて何ができていないのか」という現状をまず確認することで、自分の弱点を認めた上で、それを克服するための努力を続けよう、というベクトルに意識が変わります。

仕事をする上でも、周囲から自分の提案が否定されたり、問題点を指摘されたりするという結果は「横軸」の話です。もちろんそれは「より良い仕事」のためには参考になりますが、その時の自分が去勢不安にとらわれて縮こまってしまうのが問題なのです。そんな時こそ、「縦軸」である自分のやるべきことや改善点にフォーカスしてみましょう。

MEMO

周囲の評価という「横の軸」ではなく、自分中心の「縦の軸」で覇気を育て、去勢不安を少しでも乗り越える努力をしてみる。

第5章

ポジティブとネガティブの両方を活用する

HINT » 28

「ポジティブ思考」の危険性を認識する

私がよくいただく質問として「ポジティブ思考になるにはどうしたらいいですか?」というものがあります。

一般的に「ポジティブ思考」とは、物事のプラス面や可能性に注目し、前向きな姿勢を保ち、自分の思考や感情を「意識して」肯定的にコントロールすることで、現実をより良く変えることを目指す思考法のことを指すことが多いでしょう(通常、好ましいことをポジティブ、好ましくないことをネガティブと表現しますが、それは誰の視点に立つかによっても変わりますし、状況によっても変化します。そのため、ポジティブかネガティブかを厳密に決めることはできないということに注意してください。ただ、それでは話が進みませんので、この項目では一般的な定義を使ってお話しします）。

さて、「ポジティブ思考」のように、なんでもプラスに考えようとすることには問題はないのでしょうか？

スポーツでもビジネスでも何もかもうまくいっていて、不安要素がまるでない、という状況はありえません。にもかかわらず、すべての要素をポジティブにとらえ直したり、悪いことを見ないようにしたりすることはあまり得策ではないように思えます。

「ピンチはチャンス」という言葉があります。危機的状況の中に成長や打開の糸口が隠れている。もちろんそういうこともあるでしょう。ところが、「ピンチは文字通りピンチでしかない」ということもままあるのが現実です。それなのに、ポジティブ思考になろうと意識しすぎて、無理に良いところしか見ないようにする、すべて良いこととしてしか受け取らないという態度は危うさをはらんでいます。

すべてをポジティブに解釈するというのは、裏を返すと自分の悪いところ、不安な自分を認めていないという状態です。

例えば、自分の良いところを右足、悪いところを左足だとしたら、右足だけをついて立っている状態と言えます。世界のホームラン王、王貞治さんなら一本足打法で何本もホームランをかっ飛ばしますが、普通はずっと一本足で立っているといつかバランスを崩し、倒れてしまうことでしょう（言うまでもないことですが、王貞治さんもボールを打つインパクトの瞬間は両足で大地を踏み締めて打っています）。

ネガティブな要素から目をそらしていると、ふとした時に抑圧して目を背けていたことが出てきて慌ててしまったり、見ないようにしていた不安が実際に的中してしまった時に、精神的にもろくなりやすくなったりします。つまり、「想定外」のことが起こってしまい、パニックのような状態になる、ということが起きることがあるのです。

これはあるお笑い芸人さんが著書に書かれていた話です。

その方は「キングオブコント」というコント日本一を決める賞レースで決勝進出することを目標にしており、ある年ついに決勝戦に駒を進めることができました。決勝戦は全国生放送なので、多くの人に自分のコントを見てもらうことができます。本番前も「いよいよ全国デビューを果たす時だ」とポジティブに意気込んでいたそうですが、一つ前

どちらかだけだと不安定になる

の組の点数が意外なほど低かったことで、「足元の床が砂のごとく崩れていくような」錯覚に陥ったと言います。全国放送で「公開処刑」されるかもしれない、ブレークどころか逆パターンもあるのだと思うと急に恐怖に襲われたそうです。そのことについて「ポジティブ一辺倒の思考は、いざとなったらこんなに脆いのだと思い知らされました」と綴っておられました。

もちろん、うまくいかなかった時の想定もしておけば万事OKというわけではありませんが、より冷静に対処できる可能性は高まります。

「ポジティブ100%」は幻想

どんな人でも、どんな時でも両方の材料があるはず。ポジティブ１００％という状態は幻想です。

もちろん、ポジとネガの比率はその時々の状況で変わります。99対1もあれば、50対50の時もあるでしょう。両方の存在をあるがまま認めて、ポジティブもネガティブも両方「見て」おく。9対1で不安要素が大きかったとしても、「今はこういう状態か」と受け止める。そして、今の自分を最大限使ってどう戦うかを考える、ということです。それに、**ネガティブだと思っていることの中に、何か大事な情報が隠れている可能性も高い**のです。それを無視して良いと思われるところだけを見ていたら、重要なことを見落としてしまうかもしれません。

無理にどちらかに整理するのではなく、あるがままの自分を受け止めるということが大事です。

例えば、明日プレゼンがあるのにまったく準備が進んでいない。資料も下調べもできてないとします。無理やりポジティブになるというのは「何もできていないけど出たとこ勝負でなんとかなるだろう」と居直るようなもの。そうではなく、できてない、やってないことを認識して、プレゼンまでの数時間できることをがんばって準備するという姿勢が重要なのではないでしょうか。

MEMO

ポジティブな側面もネガティブな側面も両方認識し、あるがままを受け止める。

HINT ≫ 29

「喪失」を受け入れるには時間とプロセスが必要

人生には失敗や挫折、別離がつきものです。

仕事で取り返しのつかないミスをしたり、追い求めていた目標がかなわなかったり、大切な人との別れがあったり。時にはトラウマになって何年もそのことについて引きずってしまう、といったこともあります。

こうしたつらい出来事を受容していく行為を**「モーニングワーク（Mourning Work）＝喪の作業」**と言います。

誰かが亡くなった後に喪中といって、一定期間お祝い事や年賀状などを自粛することがありますが、あれは「喪の作業」をする期間を設けていると言えます。亡くなった人を悼みながら暮らし、少しずつその死に直面して、いつか区切りがついたなという時がやってくる。あるいは恋人や配偶者との別離の悲しみについても、時間の経過とともに良い思い出に変わっていくということもあるでしょう。人との別れについては「時が解決する」というスタンスでも問題ないのですが、仕事上の失敗については早急に向き合い、意識的に喪の作業に入ったほうが良い方向にいくことが多いと言えます。

喪の作業をする目的は**「質の転換」**にあります。当初は悲しみや失望、怒りのもとでしかなかったものが、モーニングワークによって徐々に質が変わり、本当の意味で「吹っ切れた」という状態へと変化していくのです。

２０１３年のＷＢＣ準決勝。2点を追う8回1死一、二塁の場面で、一塁走者だった内川聖一選手はダブルスチールを仕掛けたものの、二塁走者の井端弘和選手が帰塁しているのに気付くのが遅れ、アウトになってしまいました。このプレーによって、ＷＢＣ3連覇の夢が遠のいてしまったこともあり、野球ファンにとっても特に印象深いシーンとなっているでしょう。内川選手本人が受けたショックも相当大きなものだったに違いありません。

ただ、ＷＢＣが終わってもすぐにプロ野球シーズンの開幕が待っています。彼はアメリカから帰国してすぐに喪の作業に入りました。あの瞬間のプレーを何度も何度もビデオで見直し、どういうタイミングで行くべきだったのか、何に注意するべきだったのか、失敗に向き合い、反省し、改善点を見つける作業を徹底的にやりこんだのです（「週刊現代」２０１３年5月4日号）。内川選手は後年、「野球をやることを、試合をやることを怖いと思った。でもその怖さを教えてもらったことによって、さらに野球と正面から向き合うきっかけをもらった」と語っています。

失敗は「生々しい」うちに対処する

誰でも自分のミスは直視したくないもの。しかし、結果を見て見ぬふりをしても、それは失敗した事実を封じ込めているだけにすぎません。何も解決しないうちに先へ進んでも、どこか気になってそれがチクチクと心に影響します。要するに**「引きずる」状態となり、自分の力を削いでしまう**のです。それに「あれも失敗したな、これも失敗したな」という風にいくつものモヤモヤが残った状態で人生を過ごしていくことはあまり建設的ではありません。

つらい作業になりますが、どんな結果でも正面から受け止め、分析をして、ケリをつける必要があります。できれば干からびたりこびりついたりする前の、まだ生々しいうちに対処するようにしましょう。失敗に向き合い、再整理し、次につなげることで、成長の仕方は大きく変わってきます。

MEMO

つらい作業だが、傷跡が生々しいうちに失敗を正面から受け止める。

HINT » 30

怒りのパワーは生産性に変えられる

「怒り」という感情は一般的には良くないものというイメージがあるかもしれません。特に日本では怒りを抑えられるのが大人であるといった価値観もあり、怒りを表現することに慣れていない人も多いのです。

　もちろん、怒りを抑えることが必要な場面も数多くありますが、ムカついたり、怒りを感じたりするということはそれだけ自分に思うこと、感じていることがあるということです。**自己主張のマグマがうごめいているサインでもある**のです。「心のエネルギーを生産的に使う」という観点から考えると、それをなかったことにしてしまうのは、エネルギーを有効活用していないことにもなってしまいます。

怒りはエネルギーです。それを活用することで生産性を向上させることにつながります。ここでは怒りのエネルギーを活用するコツを紹介しましょう。

1. 怒りを意識する、怒っていることに気付く

今自分は怒っている、怒っているからこういう状態になっているんだということに気付くことが最初のステップです。

2. 怒りをすぐに抑えようとしない

怒りを表に出さないようにしてコントロールすること（**抑制**）自体が心のエネルギーを消費します。特に無意識的に怒りを無かったことにすること（**否認**）が続くと、抑え込んだ怒りが行き場を失って心の中に滞留するため、不眠や抑うつ、ボーッとしてしまう、食欲不振といった症状が現れ、心がうまく機能しなくなることもあります。

3. 安全な方法で怒りを表現する

怒りが行き場を得て、カタルシス（スッキリとした感覚）を感じます。すると、心の

怒りのパワーを生産性に変える

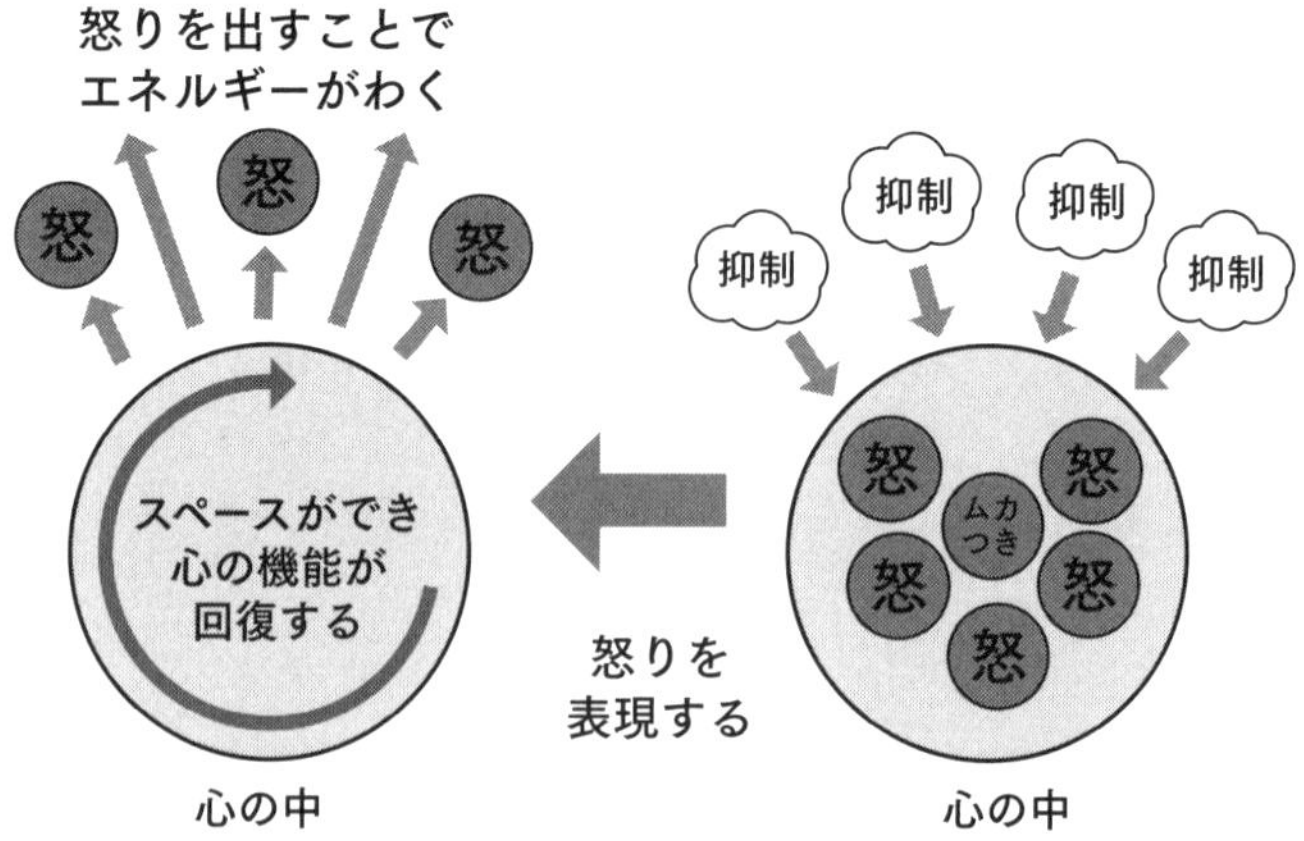

中に空きスペースができて心の自由度が増し、機能を取り戻し始めます。

4．抑制や否認に使っていたエネルギーを本来やるべきことに振り向ける

俺は腹が立っていたんだ、ムカついていたんだということを言えたり吐き出せたりするだけで重しがとれ、元気（エネルギー）が湧いてきます。今度はそのエネルギーを課題解決に振り向けてみましょう。

もちろん、怒りの表現方法については工夫する必要があります。他人を直接罵倒したり手当たり次第にモノを破壊したりするのは当然ご法度です。自家用車の中、自分の部屋、信頼出来る友達との空間、など安

心出来る空間を探し、そこで怒りを出してみましょう。ほかにも氷を床に投げつける（水になるだけなので害なし）、バランスボールを広い空間に向かって投げてみる、といった方法で怒りを発散することもできそうですね。

またこの順番ですが、安全な場所が確保できるのであれば、3→4だけでも有効です。怒ってみて初めて自分が何かを抑圧していたことに気付くこともあります。怒りは単なるエネルギーなので、自分の中にある怒りの存在に常日頃から馴染んでおけば、それが出てきた時に適切に対処できる可能性が高くなります。

「怒りの正当性」は考えない

重要なのは怒りを表現する**その瞬間においては「正当性」を考えないほうがいい**、ということです。なぜならある事象について「怒っている」というのはあくまでもあなたの感覚であり、社会的に正当か、大多数が受け入れるかどうかに関係なく自分の中に存在してしまうものだからです。**自分の感覚には（社会的に受け入れられるかどうかという）正当性がなくて当たり前**です。冷静に考えれば自分が悪い、ということであっても、それはいったん脇に置いておいて、自分の気持ちを表明する、外に出す。「俺が悪い。でもムカつく」で仕方ないのです。

　怒ることに罪悪感を持ったり、「自分は怒ってしまってダメな人間だ」などと自己嫌悪に陥ったりしてしまう必要はありません。出し方さえ工夫すれば、怒りを出すこと自体はかえって自分のエネルギーを高めます。怒りのもととなった問題への対処法をすぐに考えるのではなく、その奥の気持ち・感情をまずは外に出すことが、エネルギーを有効に使う時のカギになります。ただ、繰り返しになりますがその出し方には注意をしてください。自分だけの空間、もしくは安全な空間で出す分には構いませんが、他人がいるところで不適切な出し方をしないよう十分気を付けてください。

MEMO

怒りを出すことは自分のエネルギーを高める契機になる。

HINT 31

不安信号を活用する

これは知り合いのライターさんに聞いた話です。

彼はスポーツ選手や起業家といった人たちにインタビューをして記事を書くという仕事をしているのですが、その記事が雑誌やネットなどのメディアに掲載された日に携帯に電話がかかってくると、不安が高まって思わず電車を降りてしまうそうです。

「何かまずいことを書いてしまったかな」

「あそこの表現が気に入らなかったんだろうか」

「電話に出た瞬間に怒鳴られたらどうしよう」

などと人の心を妄想で先読みして想像し、怖くなってしまうといいます（ちなみに実際は８割方がお礼の連絡であり、残りの２割も「掲載誌を○冊送ってほしい」といった事務的な連絡だそうです）。不安に対する感じ方や耐性には個人差があり、傾向としてどうしても不安を感じやすいという人はいらっしゃいます。ただ、神経質で不安になりやすいということは必ずしも悪いことばかりではありません。

ライターの方にしても深刻な弊害もなく「またおれビビっちゃったよ」ぐらいの笑い話で済むなら許容範囲ですし、もしかしたらそうした繊細さや用心深さが原稿を書く時の丁寧さや緻密さにつながっているかもしれません。

神経質だということは、ほかの人に感じ取れない危機を察知する能力が高いということでもあります。違和感のところでも触れたように、トップアスリートはそうした危機感、いわゆる「なんかやばい」ということを察する能力が高い人が多いと言えそうです。ほとんどの場合は結果として何も起きないでしょう。それでも、１００回起きなくても１０１回目で起きるかもしれない。いつ何時でも「まったく不安を感じない」というのがいいかというとそうでもないのです。

「不安が教えてくれるもの」に目を向ける

心理学でも**不安信号説**といってそもそも不安は何かを伝えているものだ、という考え方があります。

原始時代であれば、ちょっとした物音がしただけで「草陰に何か危険な動物がいるかもしれない」と不安になることがあったでしょう。もちろん何もいない時も多かったと思いますが、不安のおかげで危険を回避し、自分や家族が生き残っていくことができたということもあったはずです。このように、不安は何か大事なことを知らせてくれているのかもしれないと考えればそんなに悪いものではありません。

不安が起きているということは心に何かが起きているということです。これはいったい何だろうと関心を持って自分の心を「見て」みてください。

・野球の試合でヒットを打ったが、何か満足感がいつもより低い気がする

・心の中をのぞいてみるとどうもバットにボールが当たる感触がいつもより鈍かったように感じたのかもしれない

↓

・そのわずかな差異を自分の感覚がとらえたのだとしたら、調整が必要だ

↓

・居残りで練習をして自分の感覚を取り戻そう

これは、ヒットという好結果にもかかわらず満足感が低く、かすかな不安感を覚えたという例です。その不安を丁寧に観察することにより、何が問題だったのか、改善するために何ができるのかという善後策を導き出しています。

ビジネスでも、商談相手のちょっとした仕草や表情、言葉の端々、メールの文面といったさまざまなものからほんのわずかな違和感や不安を感じ取ることがあると思います。結果として気のせいだったとしても、**心の中の「ざわめき」に耳を傾けて、その理由を考えることは無駄ではありません。**検討することによってほかの有益な気付きに発展する可能性だってあります。だからこそ、心に起きることを頭から否定するのはとてももっ

たいないことだと言えます。

大事なのは不安をゼロにすることではなく、不安に心を乗っ取られないようにしつつ、上手に付き合っていくことなのです。

MEMO

不安は何か大事なことを伝えている可能性があるので、心のざわめきに耳を傾けてみる。

HINT » 32

感情の「棚卸」をする

以前、お笑い芸人の松本人志さんが出演した番組の中で、「気持ちってミルフィーユみたいにいろんな層が同時にある」という言い方をされていました。人間の心は、洋菓子のミルフィーユのようにいろいろな感情が重なっていて、その中のいずれかを選択することによって怒り、悲しみといった形で表に出てくる。そういったことを松本さんなりの表現でおっしゃっていたのかな、と解釈しましたが、やはり第一線で長年ご活躍されている松本さんは、とても鋭い感性を持った方だなと驚かされました。

繰り返しになりますが、ポジティブなものであれ、ネガティブなものであれ、感情が

感情の棚卸

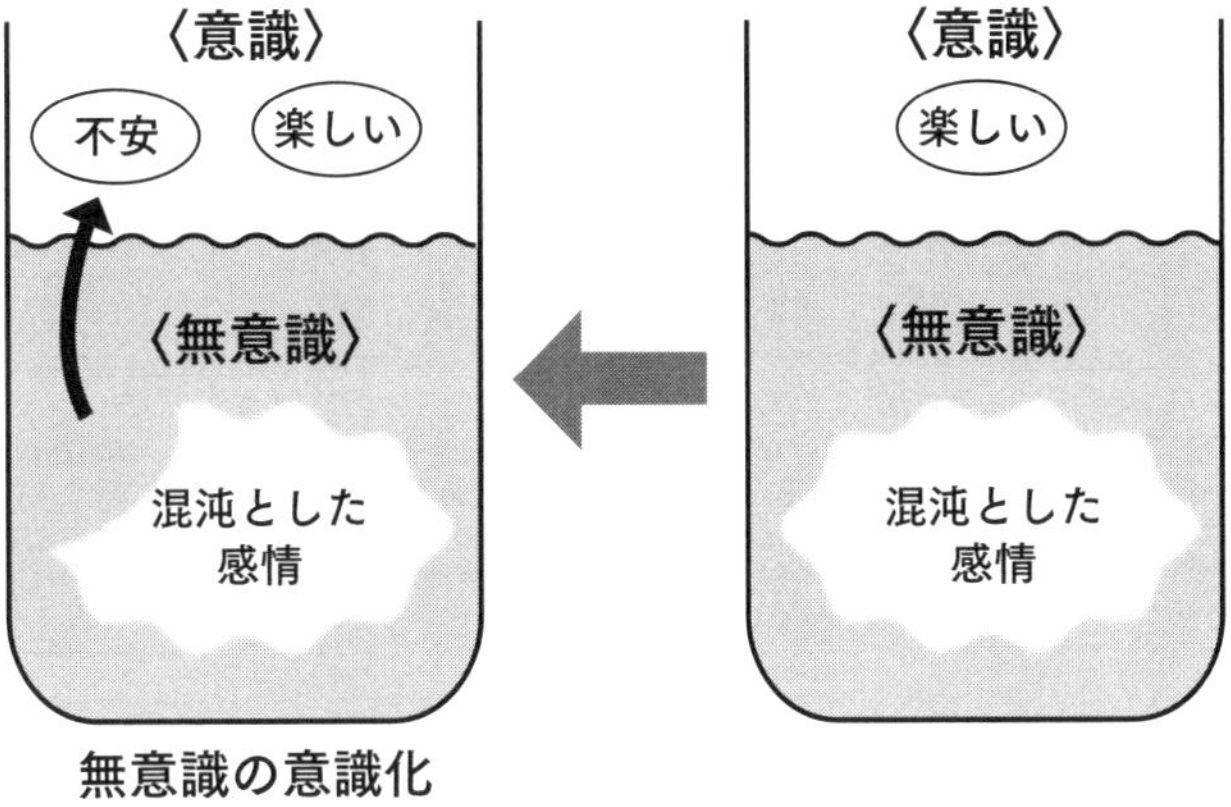

生まれてしまうこと自体は避けられません。また、「幸せ一色」「喜びいっぱい」といった単一の状況は稀で、多くの場合、松本さんの言葉のようにさまざまな感情が意識、無意識を問わず同時多発的に存在しています。

水の入った透明のコップを横から見ているとイメージしてみてください。

意識と無意識を分けているのが水面です（正確には意識と無意識の中間にあたる「前意識」という概念がありますが、ここでは省略します）。「今、楽しいな」と自覚している時のように意識の領域に感情があるのと同時に、水の中、つまり無意識の領域にもさまざまな記憶とそれに関連した感情が沈んでいます。これを無理やり無意識に閉じ込めておくことを**抑圧**と言います。逆にあえて意識のほうに持ってくることを**無意識の意識化**と呼びます。

「すべての感情に意味がある」と考えてみる

いいものだけを拾い上げ、悪いものは見てみぬふりをするというのではなく、**「すべての感情を見てみよう」**というアプローチをとってみましょう（正確には全部の感情を見ることは不可能です。それだけ無意識の領域は広大なのです）。もちろん大事なものもあれば、取るに足らない雑念もあるでしょう。それでも、すべての感情に意味があるかもしれないという前提に立って、一つ一つ「見て」いくのです。

- 「失敗したらすごく凹むだろうな」という不安があるけど、これは努力してきた証拠でもあるし、しょうがないな。
- 「達成したらＳＮＳに上げてみんなからたくさんいいねをもらいたい」と思っている。

感情にラベルを貼る

俺って意外と名誉欲があるな、笑える。

・「資格試験に落ちた時のためにあまり勉強していないことにしたい」。これって私の一番ダメなところだよね。

といったように自分が抱いている感情を観察していくのです。そして「感情の塊を瓶に入れて、ラベルを貼って置いておく」というイメージを持ってみてください。

あまり見たくない（意識したくない）ような恥ずかしい感情であっても、無視してしまったり、押しやったりしていると、ふとした時に意識上に浮上して急に慌ててしまったり、あまりにも思いがけない感情が浮かんできた時にはパニックになったりといったことにさえなりかねません。

なかったことにするのではなく、**一つ一つ見た上で置いておく**ということが大事になってきます。自分の心と向き合うということはこういうことなのです。

MEMO

無意識の領域にあるさまざまな感情を取り出して観察してみよう。

HINT » 33

嫉妬も貴重なエネルギー源として使える

幸福度に関する実験によると、一緒に働いている同僚の給料が上がると、当人の仕事の満足度は逆に下がるという研究があるそうです（Clark ら、1996）。確かに、同じような仕事をしている（と自分では思っている）のに、同僚の給料だけがアップしたら「おめでとう」とはなかなかならないのが人情かもしれません。

プロのアスリートの方であっても同じような立ち位置の選手の評価が自分より高いといったことがあると、内心穏やかでない、といった記事を読んだこともあります。

一方で、最近のスポーツ（東京オリンピックでのスケートボードなど）ではお互いにリスペクトして、たとえ対戦相手の成功・失敗でも一緒に喜んだり悲しんだりする、というカルチャーもあり、スポーツ界の雰囲気にも変化が見られます。一つの新しい文化が今まさに生まれようとしているのかもしれません。

話を戻しましょう。例えば後輩の海外支社への転勤が決まったとか、同僚がプレゼンに成功して契約を勝ち取った、取引先との交渉がうまくいき、大口の案件を担当することになった、などといった時、あなたならどんな気持ちになるでしょうか。喜んであげたいとは思うのですが、心の底から喜べない自分もいるでしょう。小さい人間だなとも思いつつ、どうもモヤモヤする、そんなことはありませんか？

嫉妬心は「使い道」が問題

悔しさと同じように、嫉妬心も存在してしまうこと自体は避けられません。「客観的」には喜ぶべき状況だとしても、「主観」としての嫉妬心を否定することは実は誰にもできないのです。

「ふざけんな、おれのほうが働いているだろう」

「なんであいつの給料上がってんだ」

と裏でひとしきり文句を言ってもいい。その感情自体を押し殺す必要はまったくないのですが、問題はそこからです。嫉妬という出発点は同じでも、どの方向に踏み出すかによって未来が変わってきます。

嫉妬心が「あいつのほうが上司／監督に気に入られているからだ。あいつのほうがアピールがうまいからだ」と本質からずれたほうにいってしまうとノーチャンスです。嫉妬やそれによる不満がある。でもそれを自分を高める、足りないものを補っていくほうにもっていけるか。

1. まずは喜べない自分を認める

2. そういう自分の小ささも受け入れる

3. その自分の心の奥底を考え、自分の中の闘争心やライバル心を認める

4. 闘争心、ライバル心をバネにして、自分の実力を高めるよう努力する

こうしたステップを踏み、周りの環境のせいにするのではなく、自分次第だと考えられるかどうかということです。

嫉妬とは、健全な「競争」から逃避している状態です。自分の能力が足りないことをどこかわかっていてもそれを認めたくない。だから自分を責めるよりは人を羨むことにエネルギーを無駄遣いしている状態です。その無駄に使っているエネルギーを自分を高める方向に向け変えることができるかどうかがカギです。嫉妬を感じたら、そのエネルギーを競争に向けられるかどうか考えてみてください。自分に何が足りないのか。上司に聞いてみるのもいい。自分で自分のことを分析して足りないものをみつけて伸ばすのでもいい。嫉妬のエネルギーをガソリンにして自分自身を前に進めてみましょう。

MEMO

嫉妬は自分のエネルギーを高めるチャンス。競争へのガソリンにする。

HINT » 34

不安の正体を見極める

明日のプレゼンでうまく話せなかったらどうしよう？

今週末の試合で結果が出なかったらどうしよう？

不安にかられて失敗している自分の姿を考えてしまい、焦りが焦りを生み出していくことがあります。ただ、うまくいかないかもしれない、失敗するかもしれない、という現実的な不安**（現実不安）**は誰しもが多かれ少なかれ抱えており、対処法が比較的具体的にわかるので、大きな問題にはなりにくいものです。一方で、自分の頭の中で勝手に不安を作り上げてしまう**予期不安（神経症不安）**は少々厄介です。

現実不安とは、まさに現実的な不安です。例えば、高い崖の上やつり橋に立てば、落ちるのではないかと怖くなります。入学試験の直前になれば、いい点数を取って合格できるかどうか心配になります。こうした不安を覚えるのは当然の反応と言っていいでしょう。現実不安は、不安を引き起こす対象がなくなれば解消に向かいます。崖から離れれば、落ちるかもという不安を持つことはありませんし、入試の結果が出てしまえば不安も何もないわけです。

他方で、予期不安というのは、先ほどの崖の例えなら、「今すぐ地震が起きて崖が崩れてしまったらどうしよう」というように非現実的な（もちろん大地震が起きる可能性はゼロではないのですが）想像をしてしまうような状況を指します。予期不安は対処のしようがない分、どこまでもそれがつきまとい、さらに不安が大きくなってしまうこともあります。

例えば、今手掛けているプロジェクトなり商談なりがうまくいっていない、もしくは失敗に終わる見込みが高いとします。すると、その不安が高じて、この仕事がうまくいかないと別の部署に異動になるかもしれない、いやへたしたら会社をクビになるかもしれない、そうしたら家のローンが払えなくなってパートナーと離婚になるかもしれない、というところまで想像が広がってしまうという具合です。

「現実不安」と「予期不安」を切り分ける

冷静に考えれば、解雇や離婚の危機について現時点であれこれ考えてもあまり生産的ではありません。現実的にできることは、目の前の仕事について少しでも改善できるところはないかと試行錯誤したり、今回は残念な結果に終わる公算が高いとすれば、それをどう次に生かしていくかを考えたりすることです。予期不安と思われる不安に襲われたら次のようなプロセスを踏んでみましょう。

1. 現実的に起きうることがどうか検討する

↓プレゼンに失敗したからと言って解雇になった人はこの会社ではいない

2. 頭の中で勝手に作り上げた不安は捨てる

↓**1**の事実を踏まえて根拠のない、漠然とした不安については考えるのをやめる

3. 現実的に何が問題か、何が足りないのかを考える

⬇来週の商談の準備が全然進んでいない、今期の売上目標が○円足りない、など

4. 現実的に問題があるのなら、それに対してできる限りの対処をする

⬇期日までに可能な限りリサーチや調整を続ける。来期に売り上げを上げるためのプランを練る。

「トイレに行きたくなるかもしれない」という不安に対しては直前に何度もトイレに行けばいい、と割り切るのも一つの手です。それと同じように、結局のところやれる範囲で現実的な対応をするしかありません。

今、不安に襲われているとしたら、自分の不安がどちらなのか、まずはそれを見極めることです。現実的にその不安を持ってしまっても「仕方がない」状況なのか、それとも自分で勝手に作っている不安なのか？　後者だとしたら、それをあれこれ考えても非生産的です。予期不安と現実不安を切り分け、実際に直面している不安に対して現実的

にできる対処を一つずつ行っていきましょう。

MEMO

不安を区別し、現実不安の正体は見極めて対処する。予期不安の正体は探してはいけない。

第6章

本質的な努力をする

HINT » 35

本質と枝葉を区別する

「面白さで黙らせるしかない――」。

　ミルクボーイというコンビの芸人さんがドキュメンタリー番組の中で語っておられた言葉です。お二人はコンビ結成10年を超えてもなかなか芽が出ず、ツッコミの内海崇さんはギャンブル三昧、ボケの駒場孝さんは先輩付き合いばかりに力を入れてしまい、目標を見失いかけていたこともあったそうです。しかし、そこで「もう一度二人で漫才に向き合おう」と話し合ったことが転機となり、２０１９年のＭ―１グランプリ優勝につながったのです。

　皆さんは「自分の仕事の本質は何か？」「目の前のタスクの本質は何か？」と考えて

みたことはあるでしょうか。

- **野球のバッターなら相手の球を打つこと**
- **陸上のランナーなら地面と格闘（もしくは協調）して走ること**
- **ゴルファーならコースと格闘（もしくは協調）して、ボールをカップに近づけるためのベストのスイングをすること**

などが本質です。打ったら注目を浴びる、打てなかったら評価が下がる、スコアがいくつなら予選通過できるかといったことは枝葉にすぎません。

スポーツ以外でも、

- **試験を受けているなら、その問題文が何を問おうとしているのかを読みとること**
- **本を出版するなら、役に立つ情報を世の中に提供し、読者の方が少しでも幸せに近づけること**

などが本質だと言えます。それ以外のことは枝葉です。ここに気付けるかどうかがとても大事だと思います。

漫才師であるミルクボーイのお二人にとって、先輩と仲良くして人間関係を作ってチャンスを狙うとか、テレビに出て目立つとかいったことは枝葉なのだと思います。本質は「漫才そのものを面白くすること」であり、それに気付かれたのがこのタイミングだったのではないでしょうか。

ビジネスパーソンで言えば、いい仕事をして誰かの役に立ったり、お客様に喜んでいただいたりすることが本質であって、例えば昇進するために上司と飲みに行くとか、他人の人事や社内の噂話ばかり気にしているとかいったことは枝葉です。

私で言えば、仕事の本質は「クライアントが変化するのを手助けすること」です。一人でも多くの方が自分の夢に少しでも近づくことを手伝うために、心理学についての学びを深め、カウンセラーとしての能力を高める。そして、そのための努力を継続することが一番大切です。

本質と枝葉を分けることは必要なものとそれほどでもないものとを見極めるということでもあります。縦軸と横軸という話をしましたが、枝葉が気になる状態というのは、

「横」にエネルギーを浪費し、本当に集中するべきところに向けるエネルギーが分散してしまっていると言えます。

一例を挙げれば、

・人から認められるようにアピールする
・儲かる（これが目標の方もいますが）
・目立つ
・バズる

といったことは枝葉にすぎないことが多いのではないかと思います。

枝葉に気をとられてしまうのはなぜか

ではなぜ人は枝葉に気をとられてしまうのでしょうか。私は大きく分けて

・現実逃避
・楽をしたい
・受け身

の3つの要素があると思います。

現実逃避

例えば「試合に出られないのは、自分の能力が低いから」という現実に向き合うのはつらいので、ほかのことに原因を求めてしまいがちです。

楽をしたい

スポーツで言えば、毎日練習して弱みに向き合い自分の能力を上げていくしかないのですが、それは大変なので、何か近道はないか、ショートカットできる方法はないかと考えてしまいます。

受け身

練習して実力を上げて試合に出るのではなく、アピールして「使ってもらう」というように、自分で這い上がろうとするのではなく、芥川龍之介の『蜘蛛の糸』のように、他力で引っ張ってもらうという考え方になってしまっています。

もちろん皆さんが所属している組織や会社との関係もあり、自分だけが本質をとらえてそれを追求する、ということが単純にはいかない場合もあるでしょう。ただそれでも、「自分のお客様のために何ができるか」、看護師さんだったら「患者さんの命を救うために何ができるか」というように本質的に大事なことは存在します。**一番大事なことは何か？　をもう一度見つめ直すことから始めてみることが大切です。**

もちろん、これまでの人生を振り返っていただければ、本質的なことに注力出来た時もあれば、出来なかった時もあるでしょう。その時の自分と向き合ってみてください。そしてやるべきことをもう一度見据えます。この繰り返しで人は強くなっていくのです。

MEMO

今、目の前の仕事の本質をとらえ、それを最高のものにすることを考えてみる。

HINT » 36

「ゾーンに入ろうとする」よりも大事なこと

「ゾーンに入るにはどうしたらよいのですか？」

　アスリートの方からとてもよく聞かれる質問です。

「ゾーン」もしくは「フロー（時間が自然と流れていく様子から）」という言葉を聞いたことがあるという方は多いでしょう。では「ゾーンに入る」とは具体的にどのような状況を指すのでしょうか。

　例えば、ハンマー投げの室伏広治さんは著書の中でゾーンのことを、「集中力が極限まで高まって、心技体が完全に調和して、ほとんど無意識な状態なのに最高のパフォーマンスが発揮できた」と表現しています。

私の知り合いのスポーツ選手も、ゾーンに入った経験について「なんの音もしなかった。時間の感覚も、自分が体を動かしているという感覚もなく、すごくリラックスした状態で、自分の中に入って操作しているみたいな感覚だった」と教えてくれました。

つまり「ゾーンに入った」状態は、競技をする上で理想とも言える状態であり、多くのアスリートがこれを追い求めています。もちろんこれはスポーツに限ったことではありません。皆さんの中にも仕事や趣味に取り組んでいる時、ほかのことがまったく気にならなくなり、時間が経つのを忘れて作業に没頭して高いパフォーマンスが出せた、という経験をお持ちの方もいるでしょう。

ただ、極めて難しいのはゾーンに「意図的に」入ろうとすることです。ゾーンを追い求めることは、むしろゾーンを遠ざけることにもなりかねません。ここではゾーンについて2つほどヒントになり得るポイントを提示しておきたいと思います。

「ゾーン」は一回性のものであり再現できない

アスリートはすでにゾーンに入った経験をお持ちの方が多いため、「最高だったあの状態をもう一度再現するにはどうしたらいいか」という発想になります。まさにここに一つ目の落とし穴があるように思います。その場の環境、相手、自分の状態などまったく同じ瞬間はありません。だから「前にこうやったら入れた」と考え、それと同じように入ろうと思うとゾーンは逃げてしまいます。まず、**ゾーンは1回きりの再現性のない性質のもの**ととらえる必要がありそうです。

もう一つはＺＯＮＥ（領域）という語源からわかるように、至高体験のできる「場所」があると考え、それを追い求めるという姿勢にも課題があるように感じます。ある条件が整うとそれが突如として立ち現れるというイメージを持ってしまうと、どうしても受け身になるという懸念もあります。

そこで、

・ゾーンに入るからすごいことができる

のではなく、

・すごいことをやっているその状態を「ゾーンに入っていた」と表現する

ととらえなおしてみてはいかがでしょうか。「ゾーンに入ればすべてが解決する」「ゾーンに入らなければダメだ」という発想は捨ててください。「ゾーンに入った」という状態はあくまで結果に過ぎないと考えれば、ゾーンという言葉に執着する必要はないとも言えます。

代わりに頭の片隅に置いておいていただきたい言葉に**「自己駆進能力」**というものがあります。子どものころ、公園で鬼ごっこをしていたらいつの間にか真っ暗になっていたというように、遊びに夢中になっているうちにあっという間に時間が経っていた経験があると思います。外部からの求めや報酬がなくても、内発的な動機付けによって、目の前の課題に邁進する、そんな能力のことをこう呼びます。

これは大人になるとほとんど失われてしまったかのように思えますが、実はそうではありません。皆さんの中にも自己駆進能力を発揮するためのシステムは眠っています。「here and now（今、ここ）」にどっぷりと浸かり、ただ目の前のことに真剣に取り組む。

ただひたすらにやる。すると、**結果として「ゾーンに入っていた」**ということが起きるのです。

冒頭の質問に答えるとすれば「ゾーンに入ることよりも、目の前のことに集中することに意識を向けてください。そうすれば、結果として『ゾーンに入る』可能性が高まります」となるでしょうか。つまり「よいパフォーマンスをするために、ゾーンに入ろうとする」のではなく、順番を逆にすることで、自分の状態をそう持っていける可能性が高まるように思えます。

MEMO

ゾーンは意図的に入れるという種類のものではなく、結果として「入っていた」というものである。

HINT » 37

「事実」と「感情」を混ぜずに意思決定する

より良い仕事をする上で適切な意思決定が不可欠なのは言うまでもありません。

適切な意思決定を妨げるものの一つに「事実と感情をごっちゃにしてしまうこと」が挙げられます。

例えば、あなたは「取引先であるA社のXさんに嫌われている」と思っているとします。でも、それは本当のことでしょうか。多くの場合、「挨拶が返ってこなかった」「自分と話している時、Xさんはあまり笑わない」といった出来事そのものと、それに対する自分のネガティブな解釈と感情が混ざってしまい、「嫌われている気がするのでXさんは苦手だ」「A社に行くのは気が進まない」といった負のスパイラルが起きてはいないでしょうか。

そんな時は感情と実際に起きた事実を分けて観察することで、突破口が開ける可能性が出てきます。

といっても、事実と感情を分けるのはとても難しいことです。そこで、ＤＥＳＣ（デスク、平木1993、Colleen1979）という意思決定を助けるためのソフトウェアを紹介します。カウンセラーなどとの面談の中でも使われるコミュニケーション法ですが、体系的かつ順序立てのしっかりした手法なので、自分ひとりで使うことも十分に有効です。

DESCシートを活用する

D：Describe（ディスクライブ）：事実を描写する

「何が起きたのか?」について、その事実を丁寧に描写します。そして問題を整理、明確化します。

⬇あくまでもそこで起きた事実だけを描写します。その時の気持ちを表現したり、説明したりするものではありません。

例：

・A社の玄関ですれ違った時にXさんに挨拶したが、返事がなかった
・Xさんは私と話している時、あまり笑わない
・最近、A社から新規の仕事を受注できていない
・A社を前に担当していた同僚CはXさんと仲が良いようだ

E：Express, Explain（エクスプレス、エクスプレイン）：気持ちを表現する、自分の言葉で説明する

その問題にまつわる自分の気持ちを言葉で表現してみましょう。またその問題に関して自分なりの説明をしてみましょう。

例：

・挨拶を無視するのは社会人としてどうかと思う
・仏頂面のXさんに会うのが嫌なので、A社を訪問するのは気が進まない
・A社は主要な取引先なので、Xさんとは良好な関係を築かなければいけない。正直焦っている

S：Specify（スペシファイ）：特定化する

出来そうな問題解決策、妥協案にどういうものがあるかを特定化し、複数提示してみましょう。

⬇必ず複数挙げてみましょう。具体的、現実的で小さい行動変容で構いません。

例：

・Xさんの反応は気にせず、元気に挨拶を続ける
・Xさんは笑わないものだと割り切り、必要な商談をすることに徹する
・同僚Cに頼み、Xさんとのランチをセッティングしてもらう
・A社はあきらめてB社に注力して辻褄を合わせる

C：Choose（チューズ）：選択する

「S」のフェーズで挙げた案の肯定的・否定的側面を捉え、また想像力を使って実際に運用した時をイメージし、そして特定のものを選択します。自分の未来をシミュレーションしてみます。

⬇具体的で、実行可能な選択をしましょう。

DESCシート

Describe：事実を描写する

•
•
•

**Express,Explain：
気持ちを表現する、自分の言葉で説明する**

•
•
•

Specify：特定化する

•
•
•

Choose：選択する

•
•
•

・まずはXさんの反応は気にせず、元気に挨拶を続けてみる
・それでしばらく経っても変化がないようなら、同僚Cにランチをセッティングしてもらう

ポイントは、それぞれの項目について混ぜずに置いていくこと。とくに「事実D（何が起きていたのか？）」と「感情E（その時どんな気持ちだったのか）」を分けることです。それがわかると問題解決に一歩近づくことができます。

MEMO

DESCのフレームワークを使うことで、感情と事実を分けてより冷静に検討することができる。

HINT » 38

安易に「切り替え」てはいけない

スポーツではよく「切り替えていこう」という言葉が使われます。

プロ野球の監督が試合後のインタビューで「明日また切り替えて戦いたい」などとコメントするのを聞いたことがある人も多いでしょう。切り替える必要があるわけですから、当然その前には何か悪いことが起きていた可能性が高いわけです。それは単純ミスなのか、偶発的なアクシデントなのか、準備不足による必然の敗戦なのか。これらを検証した上で「さあ切り替えて次がんばろう！」というアプローチであれば、翌日またスッキリした気持ちで戦えるでしょう。

一方で、**「切り替えて次」という発想の一番の問題点は課題を積み残しているかもし**

れないということです。何も検討、検証しないでただ切り替えようとしても、実は何もその問題が解決していないので、「またやったらどうしよう」という不安が「無意識の領域」に溜まっていくことにつながります。結局のところ、**真の切り替えにはならない**のです。

前にうまくいかなかったという不安を抱えながら目の前のことをがんばることも、人間できなくはないのですが、**本当に切り替えたいなら原因の究明（完全ではなくても良い）とそれへの対策を考えるところまで1セットで行う必要があります。**

真の切り替えには「質的転換」が必要

「今のミスは忘れて次がんばろう！」というのはミスという事実を心の中に隠し、無かったことにして（**否認**と言います）いるだけだと言えます。そのため、エラーしたという不安感は質が変わらず、心の中に残留し続けるのです。

もちろん、野球の試合中に全部の原因究明はできません。そんなことを考えているうちに次の打球が飛んできてしまいます。ただ、イニング間や試合終了後から次戦までの間など、時間がある時に先ほどの1セットをやる必要があります。事実を取り出してみて「なぜエラーしたのか」、「次はどうするべきなのか」と検討し、時間があれば練習します。そうしてある程度対応策が見えてきてはじめて**「成仏させる」**とでもいうべき状況になります。エラーしたということに関して質的転換が起こるのです。それでようやく真に切り替えられるようになったのです。

なお、「パーッとお酒を飲んで忘れる」といったなんらかの代償行為を行うやり方を**逃避**といいます。気分転換としてはある程度有効ですが、質的転換を伴うわけではないので「使い過ぎ」に注意しましょう。

MEMO

インスタントに切り替えるという発想は捨て、原因と向きあう時間を作る。

HINT » 39

突き詰めるから楽しめる

２０２３年の夏の甲子園は神奈川県代表の慶應義塾高校が１０７年ぶりの優勝を果たしました。慶應義塾高校は選手の自主性を重んじる「エンジョイ・ベースボール」を旗印に掲げ、高校野球にありがちな坊主頭の強制や厳しい上下関係なしといった面でも注目を浴びました。ただ、こうしたことだけに着目し「厳しさよりも楽しさ」だと解釈することには違和感を覚えます。

惜しくも準優勝だった仙台育英高校の須江航監督の言葉が印象に残っています。須江監督は試合後、相手を称える中で、

「（慶應義塾高校さんは）エンジョイ・ベースボールが真髄だと思いますが、楽しむため

に一生懸命やろうという下地もありますし……スキルもありますね」

というニュアンスのご発言をされていたのです。この点については元メジャーリーガーの上原浩治さんも

「逸材ぞろいの選手たちが、必死に苦しい練習を乗り越えてきたはずである。エンジョイは、嫌なことを避けて、楽しいことだけをやるということとイコールではないだろう。それだけで、頂点に立てるほど日本の高校野球は甘くない」

と指摘されていました（２０２３年8月25日付「Ｙａｈｏｏ！ニュース」）。

楽しもうというとどうしても「楽をする」「ゆるくやる」という方向に行きがちですが、「楽しむ＝ラクをさせる、嫌なことをやらない」ということではありません。むしろ**「楽しむために」きついことや嫌なことも一生懸命やるのだ**、と言ってもいいでしょう。この姿勢は仕事にも通じるものがあります。

人間には「壁を越える楽しさ」が組み込まれている

では、突き詰めることによって楽しさ、充実感が出てくる、という現象の裏には、ど

のような心の動きがあるのでしょうか。以下に2つ仮説を挙げたいと思います。

没頭することによって忘我の境地に至る

かつて横浜ベイスターズに高森勇旗さんという選手がいました。今はビジネスパーソンとして大活躍していますが、現役時代、彼はとても練習熱心で、ある時はティー打撃を1200球も打っていました。それだけの球数を打つとなると、最速で2時間半、通常では3時間以上打ちっぱなしですから、途中までは体力的にとても苦しい練習です。それでも、あるラインを越えると、ボールを見ただけで勝手にバットが出てボールが勝手に飛んで行く。そんな境地に至ったそうです。ある行為に没頭し、限界を超えてやりきることで、自分のポテンシャルが解放される。そんな経験も「突き詰める楽しさ」の一つだと言えると思います。

壁を越える快感

フロイトの精神分析理論における中心的概念に「エディプスコンプレックス」というものがあります。精神発達の過程で、親を競争相手として認識し、「越えるべき壁」として規定するのです。最近は壁をわざわざ取り払い、ストレスをなるべく感じないようにすることを求める人が多い傾向にありますが、一方で、「覇気」を持って壁を乗り越えることを自ら求め、目標は大きいほどやりがいを感じるタイプの方もいます。人間には物事を突き詰め、ハードルを越えて成長していくことに快感を覚えるというシステムも組み込まれているのかもしれません。

このように、どんなに苦しくてもそれに耐え、乗り越える経験をして初めて見える景色があります。突き詰めることによって体験できる楽しさは、楽をすることで得られる（表面的な）楽しさとは別次元のものなのです。

MEMO

没頭し、いくつも壁を乗り越えることで初めて「楽しむ」という段階に到達する。

HINT ≫ 40

「ロールモデル」が持つ2つの役割

ここまで、自分自身を分析していくこと、自分に目を向けていくことの大切さについてお話ししてきました。しかし、憧れの人を目標にしたり、ライバルからインスピレーションを受けたりするといったこともすごく大事なことの一つです。

クライアントと目標設定をする時、

「理想は何ですか?」

「本当はどうなりたいですか? こういう人になりたいというのはありますか?」

とお尋ねすることがあります。

何を理想として、どんなロールモデルを置いているのか。それを伺うことで、たとえ今の自分とはかけ離れていたとしても、目標への道のりを具体的に描くことができるからです。またその方が「今、何に詰まっているのか？」を推察する手助けにもなります。

心理学に**「自我理想」**という概念があります。１２９ページにもある通り、自我は自分がどうやって生きていくのかを判断する心の司令官的なものを指します。自我理想は人から押し付けられた理想像ではなく、自分が心から「いいな」と思えるようなロールモデルであると言ってもいいでしょう。

ロールモデルを設定する時に重要なのは、「自分の自我が判断して理想像をつくっていく」ということだと思います。「ピンと来る」「ビビビッと来た」といったように自分の心が反応しているかどうかがポイントです。逆に自分の心が反応していないのに、「儲かるから」「安定しているから」これが理想です、というのでは継続的にその姿を追い求めていくエネルギーが出にくいでしょう。

ロールモデルとの「違い」にヒントがある

もちろん、自分と他人がまったく同じということはありません。やっていく中で自身とのズレは当然出てきます。ロールモデルの人と同じ道を行こうとしても、結局はその人のことを超えられないということになります。

2023年のWBC決勝アメリカ戦の直前、大谷選手がチームメイトの前でこんなスピーチをしました。

「憧れるのを、やめましょう。今日、超えるために、トップになるために来たんで。今日一日だけは彼らへの憧れを捨てて、勝つことだけ考えていきましょう」

確かに、日本の野球は世界一のアメリカ野球をお手本に追いつけ追い越せでやってきました。日本代表の中にはもしかしたらトップ選手がそろうアメリカ代表のうちの誰かをロールモデルにしていた選手もいたかもしれません。それでも実際に対戦した時に憧れの気持ちを持って受け身になってしまったら決して勝つことはできない。そんなことを大谷選手は言いたかったのではないでしょうか。結果として日本代表はアメリカ代表に競り勝ち、三度目の世界一に輝きます。

憧れの人を目指し、近づく努力をしていくことはとても意義がありますが、ずっとまねしているだけでは成長速度は鈍りますし、トップまでは行けません。逆に違いを感じることで「あ、自分ってこうなんだな。あの人はこうだけど自分は違うんだな」という具合にオリジナリティに気付き、自分を生かすにはどうしたらいいかと考えられるということも起きます。いいところをもらいつつ自分の良さも伸ばしていく。これが一番健全で、成長するには大事なことだと言えます。

MEMO

自我理想をロールモデルとすることで、自身のエネルギーも引き出される。ただ、どこまでも同じ道を行くことはできない。

HINT » 41

人は死ぬまで変われる

私の恩師によると、臨床心理学の「臨床」とはすなわち「死の床に臨むこと」。たとえ明日死ぬとわかっていても、ほんの少しでもより良い人生を生きるためにできることを探して、それを行う。死を前にした方であってもその人と話をしながら、死の瞬間まで最善を尽くし、寄り添うのが臨床心理士である我々の使命なのだ、ということを教わりました。これを**臨床的態度**と呼んでいます。

学生当時から臨床心理学の知見を使ってアスリートのサポートをしたいと考えていた私は、競技生活の終盤を迎えた選手も似た状況なのではないかと考えていました。「競技生活を終える」という決断をするその日まで、少しでも変化し、向上すべく一生懸命練習する。カウンセラーとしてそこに伴走することも臨床的態度の一つです。

そしてもう一つ、臨床経験を積む中で気づいたことがあります。それは「試合終了のその瞬間まであきらめずに戦う」ことにもつながるということです。試合終了のコールがあるまで何があるかわからない。最後の最後まで最善を尽くし続ける、これも臨床的態度の現れだと言えそうです。

漫画の神様と呼ばれた手塚治虫さんは闘病生活で昏睡状態に陥りながらも、意識が戻ると「鉛筆をくれ」「頼むから仕事をさせてくれ」と言って最後まで創作活動への意欲を見せておられたそうです。人生を懸けてずっと考え続けてもわからなかったことに、死の当日、もしくは死の瞬間に「あ、これだ！」と気付くかもしれない。たとえそんなことが起こらなかったとしても、**自分は変われる、成長できると最後まで信じる姿勢こそが人生をより実りのある素晴らしいものにしていくのだと思います。**

この仕事をしていて一番の喜びを感じるのは、人が変わる瞬間に立ち会わせていただける時です。雰囲気や表情、仕事に取り組む姿勢、所作……。何年もご一緒していても、ある瞬間にさらに「今、変化されたのだな」と感じ、感動する瞬間があります。

カウンセリングを繰り返しても、その人を全部完璧に理解する、ということはできません。1回45分のカウンセリングを20年近くやらせていただいている方もいますが、それでも知らないことが出てくることはよくあります。そしてふと「この方変わられたな」と感じる瞬間がやってきます。

当然のことながらその変化はご自身で起こされたものであり、私は伴走しているにすぎません。ただ、その変わる瞬間を幾分かでも共有することがうれしいですし、より多くの方に「自分自身が変わる」という体験をしていただきたいと考えています。

最後まで自分の「可能性」を否定しない

極言すれば私はクライアントの方に**「死ぬまで自分は変われる」という姿勢を持っていただくことを、隠れた、そして最大の目標にしている**と言えるかもしれません。

そのためには、自分の可能性を否定しないことです。34ページの「内的ポジティブフィードバックサイクル」を思い出してください。何かさらに良くなるために出来ることはないか？　と探す態度です。それがまさに**自分に対する「臨床的態度」**です。最後まで、なんとしてもあきらめない態度で生きる。私も改めて自戒を込めて、この言葉を締めとしたいと思います。

MEMO

「死ぬまで自分は変われる」と信じる姿勢が人生をより良いものにするはず。

謝辞

この本を出版するにあたり、本当に数多くの皆さんのご協力をいただき感謝しております。これまで共に学んできた国際基督教大学、ＰＡＳ心理教育研究所の皆さん、そして小谷英文先生には１９８７年の大学入学時から今年で37年目になりますが、長きにわたってご指導いただき本当にありがとうございます。

またこれまで共に戦ってきた数多くのアスリートの皆さんとの出会いが私を鍛え上げてくれました。ここにお名前を記すことはできませんが、皆さんの凄まじい能力を間近で拝見し、人類の無限の可能性というものに触れた思いです。ありがとうございました。

そして株式会社ユーキャンの臼杵秀之さんには何から何まで本当にお世話になりました。また臼杵さんをご紹介くださった平尾類さん、いろいろな視点からコメントをくださった伊藤結女さん、そしてこの仕事を側面からサポートしてくれた家族に深く感謝の意を伝えたいと思います。この本が、自分を高めようとする方々にとって少しでも意味あるものになることを祈っております。

武野顕吾

参考文献 »

■小谷英文(1993). ガイダンスとカウンセリング　ー指導から自己実現への共同作業へー 北樹出版

■小谷英文(2008). ダイナミック・コーチング PAS心理教育研究所出版部

■小谷英文(2009). グループセラピィの現在　ー精神疾患集団療法から組織開発タスクフォースまでー. 現代のエスプリ 504 至文堂.

■小谷英文(編)(2010). 現代心理療法入門 PAS心理教育研究所出版部

■小谷英文(2018). 精神分析的システムズ心理療法 ー人は変われるー PAS心理教育研究所出版部

■小谷英文(2023). そのときどうする You know what to do　PAS心理教育研究所出版部

■モートン・キッセン(編)(1996). 集団精神療法の理論　ー集団力学と精神分析学の統合　誠信書房

■シルバーノ・アリエティ(1980). 創造力　ー原初からの統合　新曜社

■エルンスト・クリス(1976). 芸術の精神分析的研究　岩崎学術出版社

■室伏広治(2017). ゾーンの入り方　集英社

■平木典子(1993). 改訂版　アサーショントレーニング　ーさわやかな＜自己表現＞のためにー 金子書房

■Colleen Kelley (1979). Assertion Training: a facilitator's guide. University Associates

■Clark and Oswald (1996). Satisfaction and comparison income. Journal of Public Economics, 61(3) 359-381.

■https://www.nikkansports.com/baseball/news/202209280000480.html

■https://www.bgf.or.jp/andly/content/080116r.html

■岩崎う大(2023).偽りなきコントの世界　KADOKAWA

■福元一義(2009).手塚先生、締め切り過ぎてます!　集英社

著　者

武野顕吾（たけの・けんご）

1967年生まれ。臨床心理士。国際基督教大学大学院博士後期課程満期退学（臨床心理学専攻）。国際基督教大学卒業後に入社したソニー株式会社を退社後、カナダの硬式野球チームで7カ月間プレーしたのち、臨床心理士の道へ。2004年に横浜ベイスターズ（現横浜DeNAベイスターズ）と契約し、若手育成プロジェクトの心理部門を担当。11年には福岡ソフトバンクホークスの内川聖一選手をサポートする臨床心理士として個人契約。現在は野球やそれ以外の各種スポーツ選手やチーム、会社経営者などのメンタルサポートを行う。了徳寺大学非常勤講師。日本プロ野球OBクラブ会員。

編集協力　伊藤結女　平尾類
装丁+イラスト　稲永明日香
校　閲　小谷英文：PAS心理教育研究所理事長　鷗来堂
編　集　臼杵秀之

自分を「壊す」勇気

仕事の質を上げる臨床心理学41のヒント

2023年12月26日　初版　第1刷発行

著　者　武野顕吾
発行者　品川泰一
発行所　株式会社　ユーキャン学び出版
〒151-0053　東京都渋谷区代々木1-11-1
Tel 03-3378-2226
発売元　株式会社自由国民社
〒171-0033　東京都豊島区高田3-10-11
Tel 03-6233-0781（営業部）

印刷・製本　シナノ書籍印刷株式会社

※正誤等の情報につきましては、下記「ユーキャンの本」ウェブサイトでご覧いただけます。
https://www.u-can.co.jp/book/information
※落丁・乱丁その他不良の品がありましたらお取り替えいたします。お買い求めの書店か自由国民社営業部（Tel 03-6233-0781）へお申し出ください。